青春文庫

なぜか9割の人が間違えている日本語1000

話題の達人倶楽部［編］

青春出版社

そんな日本語を使ってはいけない！――はじめに

言葉は、話し、読み、書くために使うもの。言葉の誤用の大半も、この三要素をめぐって発生します。そこで、本書には、「言い間違い」「読み間違い」「書き間違い」という〝三大誤用〟を中心に、約１０００語の「日本人が間違いやすい日本語」を満載しました。

「言葉の誤用」というと、難しい漢字の読み間違いや、慣用句の使い損ないなどをイメージする人が多いかもしれません。しかし、そうした難解な言葉ばかりが誤用しやすいポイントとは限りません。むしろ、小学校で習うようなカンタンな漢字・言葉にも、間違いやすいポイントがひそんでいるのが、日本語の怖さといえます。

たとえば、あなたは、「上向き」という言葉をどう読んでいるでしょうか？　厳密にいうと、「うえむき」は間違いで、正しくは「うわむき」です。

あるいは、「鼻白む」や「軽んじる」をどう読んでいるでしょうか？　「はなじらむ」、「かるんじる」などと、口にしたりはしていないでしょうか？　正しくは「はなじろむ」と「かろんじる」です。
というように、世間では、今日もまた、さまざまな間違い日本語が使われているはず。もう少し、使うと恥ずかしい誤用例を挙げてみましょう。たとえば、あなたは、次のような言葉を口にしたり、メールに書いたりはしていないでしょうか？

×「**大きいお世話**かもしれないけれど」
×「そんなことは**してない**と思います」
×「残りは**数えられるほど**しかないと思うよ」
×「あまりにも**知らなさすぎ**ました」
×「相手が**猫の皮をかぶっていた**ので……」
×「実力を**まじまじ**と見せつけられました」
×「**まずは取り急ぎ**右御礼まで」
×「毒を**盛って**毒を制す」

いずれのフレーズも、太字の部分が間違いなのですが、なぜそれが誤用なのかは、後ほど本文でご紹介します。

なお、本書の後半の「書き間違い」の章では、ワープロソフトを使うからこそ〝書き間違いやすくなった言葉〟を多数取り上げました。近年、メールをやりとりする回数が増えている分、言葉を打ち間違う（書き間違う）ケースが急増しているからです。

たとえば、先に間違いやすい言葉の例として挙げた「毒を〝盛って〟毒を制す」は、正しくは「毒を以て毒を制す」と書きます。ところが、「毒を盛る」という言葉があることから、〝賢い〟ワープロソフトほど、「毒を盛って」が先に変換候補に挙がります。そのため、誤変換するケースが増えているのです。本書の後半では、そうした手書きの時代とは、〝顔ぶれ〟が一変した〝書き間違いやすい〟言葉を多数取り上げました。

というわけで、「話す（言う）」「読む」「書く」をめぐって、日本人が間違いやすいポイントを満載しましたこの一冊！　あなたの日本語の総チェックにご活用いただければ、幸いに存じます。

二〇一八年二月
話題の達人倶楽部

なぜか9割の人が間違えている日本語1000＊目次

Step1

知らないうちに使い間違えている日本語——17

1 「できる大人」が使ってはいけない日本語……18

Step2

やってはいけない日本語の「読み間違い」──81

カバー写真■shutterstock
Thepanyo/shutterstock.com
DTP■フジマックオフィス

Step1

知らないうちに使い間違えている日本語

1 「できる大人」が使ってはいけない日本語

■たった一字違いで恥をかく

×もろともせず→○ものともせず

耳だけで覚えていると、「もろともせず」と言い間違いやすい。○の意味は、問題にしないことで、「反対をものともせず」「怪我をものともせず」などと使う。

×つつましい暮らし→○つましい暮らし

「つましい」（地味で質素という意味）は漢字で書くと、「倹しい」か「約しい」。「つつましい」は「慎ましい」と書き、控えめで遠慮深いという意味の別の言葉。

×言わずともがな→○言わずもがな

○は、「言わず」に「もがな」（望み、願うことを表す終助詞）がついた形で、その間に「と」をはさむ必要はない。○は「言う必要はない」という意味。

×夜が暮れる→○日が暮れる

暮れるのは「日」。夜は「明ける」もの。

×期待倒れ→○期待外《はず》れ

計画倒れ、看板倒れ、貸し倒れ、共倒れとはいうが、「期待倒れ」という言葉はない。期待外れが正しい言い方。

×芽を断つ→○根を断つ　○芽を摘む

「根を断つ」は、原因を取り除くこと。一方、「芽を摘む」は、成長・発展する可能性のあるものを取り除くこと。「芽を断つ」という言葉はない。

△憎しみ合う↓○憎み合う

一般には「憎しみ合う」という言葉も使われているが、「憎しみ」という名詞はあっても、「憎しむ」という動詞はないため、新聞社などでは「憎しみ合う」を誤用とみて、使わないようにしている。一般的にも、少なくとも、文章では「憎み合う」としたほうがいいだろう。

×（その分野の）一人者↓○第一人者

口語では、「第」が抜けて、「一人者」となりやすい。なお、独身を意味する「ひとりもの」は「一人者」ではなく、「独り者」と書く。

×してない↓○していない

これは、俗に〝イ抜き言葉〟といわれるパターンの誤用。否定形で正しくは「〜いない」となるところが、「〜ない」となる〝症状〟だ。「いる」の否定形は「いない」であり、この項の見出し語は「している」の否定形だから、「していない」となるはず。ほかにも、口語では「見てない」（正しくは「見ていない」）や「来てない」（正しくは「来ていない」）などが〝イ抜き〟になりやすい。

×一口多い↓○一言多い

○は「言わなくてもいいことを口にする」という意味。「一口多い」という慣用句はなく、無理に解釈すると〝食べ物が一口分だけ多い〟というような意味に。

■微妙に間違っている使い方

×一言目には↓○二言目には

○は、何か言ったあとに、口癖のように続けるという意味であり、×の「一言目には」では、この意味が成立しない。「二言目には『昔はよかった』という」などと使う。

△歩きで↓○歩いて

口語では、「歩きで行きましょう」などということがあるが、「歩きで」は俗語的表現であり、少なくとも目上に対しては使わないほうがいい。「歩いて」か「徒歩で」というのが、大人の日本語。

×葬儀の会場↓○葬儀の式場

「会場」は、会議や催し物が開かれる場所のことではあるが、「葬儀」には似合わない。葬儀や結婚式などの式典を行う場所には、「式場」がふさわしい。

△願わくば↓○願わくは

「願わくは」は、「願う」のク語法に助詞の「は」がついた形で、「願うことには」という意味。「願わくば」ともいうが、一般的ではない。なお、「ク語法」は、動詞などの語尾に「く」がついて、名詞をつくる語法。「いわく」「おもわく」などが代表例。

×贅沢を極める↓○贅《ぜい》を極める

「贅を極める」と「贅を尽くす」は、「贅」一字だけを使うのが定型の言葉。ともに、贅沢の限りを尽くすという意味。

×～を鑑みる↓○～に鑑《かんが》みる

○は、先例などに照らし合わせて考えるという意味で、玉音放送でも「世界の大勢と帝国の現状とに鑑み」と、「～に」の形で使われている。「実績を鑑みる」のような「～を鑑みる」という形はそもそも誤用で、これも「実績に鑑みる」が正しい。

×濡れそぼる↓○濡れそぼつ

○は、濡れてびしょびしょになるという意味。「そぼつ」は「濡つ」と書くタ行活用の動詞で、その連用形は「濡れそぼち」。だから、「濡れそぼりつつ歩く」は間違いで、「濡れそぼちつつ歩く」が正しい。

×○○の座を仕留める↓○　○○の座を射止める

「主役の座を射止める」などと使うが、そういう「座」は狙って「射止める」ものであり、「仕留める」（殺す）ものではない。

×人気の秘訣↓〇人気の秘密

「秘訣」は、人には知られていないとっておきの方法。「成功の秘訣」「上達の秘訣」などと使うが、「人気」には合わない。人には知られていない人気がある理由は「人気の秘密」というのが適切。

×男手ひとつで育てる↓〇女手ひとつで育てる

慣用句としては、「女手ひとつで」が正しい形。「男手ひとつで」は定型からははずれているので、少なくとも文章で使うのは避けたほうがいい。

■間違って覚えるとやっかいな言葉

×みっともよくない↓〇みっともない

〇は「見とうもない」が変化した語で、この「ない」を「よくない」や「いい」

に変えることはできない。見苦しい、体裁が悪いという意味。

×とにかくも↓○とにもかくにも

○は、「何にせよ」という意味。また、単に「とにかく」という言葉はあるが、「とにかくも」は辞書にはない形で、「ともかくも」（～は別としてという意味）という別の言葉との混同から生じた間違いだろう。

×勝つ気しかしない↓○負ける気はしない

×は近年、耳にするようになった形。ただし、まだ多くの人が違和感を覚える表現であり、使わないほうがいい。正しくは「～気はしない」という形を使い、「負ける気はしない」というもの。

×まじまじと見せつける↓○まざまざと見せつける

「見せつける」に似合う副詞は「まざまざと」。一方、「まじまじと」は、「まじまじと見つめる」という形で使う副詞。

×ひた隠す→○ひた隠しにする

「ひた隠す」という動詞はない。「ひた隠し」という名詞を動詞化するには、「〜にする」という形にする必要がある。

×たゆまなき→○たゆみなき

「弛《たゆ》みなき」は、「弛みない」という形容詞の連体形。活用しても、「弛まなき」とはならない。

×おしきせがましい→○押しつけがましい

「押しつけがましい」と「恩着せがましい」という言葉はあるが、「おしきせがましい」という言葉はない。「お仕着せ」という言葉があることからの混同だろう。

×似つかない→○似つかわしくない

「似つかわしい」の否定形は「似つかわしくない」。「似ても似つかない」という言葉はあるが、「似つかない」だけを単独で使うことはできない。

×意図せざるして↓○意図せずして

「期せずして」（思いがけなく）と同様、「〜せずして」が定型の言葉。狙ったわけではなく、という意味。

×〜のが忍びない↓○〜に忍びない

「忍びない」を「動詞＋に忍びない」の形で使うと、「〜することは耐えられない」という意味になる。「捨てるには忍びない」などと「〜には」となるのはＯＫだが、「捨てるのが忍びない」など、「〜のが忍びない」という形で使うのは間違い。

■間違って覚えると一生言い間違える言葉

△幻滅する↓○幻滅を覚える

「幻滅する」というサ変動詞が、口語では使われているが、完全な市民権を得たわけではない。少なくとも、文章では「幻滅を覚える」「幻滅を感じる」と書いたほうがいい。なお、「サ変動詞」は、「運動する」「食事する」など、名詞（熟語）に「する」をつけて動詞化した言葉のこと。

×やられ放題↓○やられっ放し

「～放題」と「～放し」は、動詞の後ろについて、ある状態が続く様子を表す。ただし、その前にくる言葉によって、どちらが続くかは決まっていて、「荒れ放題」「(草が）伸び放題」「食べ放題」は「～放題」、「出しっ放し」「置きっ放し」「放りっ放し」は「～放し」と使い分ける。

×底無しのお人好し↓○底抜けのお人好し

「底抜け」は、程度が甚だしいこと。呆れるほどというニュアンスを含むので、人に対して使わないようにしたい。一方「底無し」は限界がないという意味で、「底無しの大酒飲み」などと使う語。

×配慮を払う↓○配慮する

「配慮」は心を配ることなので、「配慮を払う」は重複表現になる。単に「配慮する」というサ変動詞で十分。

×とって返す刀↓○返す刀

「返す刀」は、斬りつけた刀をすばやくひるがえして、他の者へ斬りかかるさま。そこから、比喩的に、あるものを攻撃した勢いで、別のものを攻撃するという意味に使われる。「とって返す」は引き返すことなので、「とって返す刀」というと、この意味が成立しなくなる。

×史上過去に例のない↓○史上例のない　○過去に例のない

「史上」と「過去」を一緒に使うと、くどい重複表現になる。

×味がおいしい↓○味がいい　○おいしい

「おいしい味」とはいえるが、「味がおいしい」は×。「味がいい」か、単に「おいしい」と表すところ。

×〜だてら

「〜だてら」は、以前は、身分や立場に不相応なことをするという意味で、よく使われていた言葉。しかし、「女だてら」など、差別的表現につながりやすいため、今はマスコミでは、ほぼ全面的に使われなくなっている言葉。

×手ほどきを教える→○手ほどきをする

「手ほどき」は、学問などの初歩を教えること。「教える」という意味を含んでいるので、「手ほどきを教える」は重複表現。単に「手ほどきをする」が正しい。

×技術を要す仕事→○技術を要する仕事

「要する」の連体形は「要する」なので、「仕事」のような名詞を形容する場合は、「要する」という形で使うのが正しい。

×無尽蔵に使う↓◯際限なく使う　◯無尽蔵にある

「無尽蔵」は、いくら取ってもなくならないさま。「アイデアは無尽蔵にある」などと使う言葉であり、「無尽蔵に使う」では意味が成立しない。

×一翼を背負っている↓◯一翼を担っている

複数でする仕事の一部を担うこと。「一翼」とくれば「担う」と続けるのが正しい形。

×極め付け↓◯極め付き

「極め」は、刀などにつける鑑定書のこと。それが付いているほどの名品という意味で、「極め付き」が正しい形。

×人生行路、難し↓◯人生、行路難《かた》し

人間が生きていくには、さまざまな苦労があるということ。「じんせい」でいったん切って読むのが正しい。

■ふつうに見れば間違いに気づく日本語

△離発着→○離着陸

「離発着」は、よく見ると、「離」と「発」という同じ意味の言葉が使われている。「離着陸」と「発着」が混同され、組み合わされた誤用とみられる。慣用化した感はあるものの、「離着陸」のほうが言葉としては正しい。

△募金をする→○募金に応じる

募金は「金を募る」ことなので、厳密にいうと、「募金をする」というと、「募金(を集める)活動をする」という意味になってしまう。現実には「募金しました」などと、日常的に使われている形ではあるが。

×節税対策→○税金対策

納税者が講じるのは「税金対策」。無理に解釈すれば、行き過ぎた節税などに対して、〝節税対策〟を講じるのは、税務署のほうだろう。

×（潜水用の）酸素ボンベ↓○空気ボンベ

スキューバダイビングなど、潜水に使うのは、空気ボンベ。一方、医療用や登山用には、酸素ボンベを使うことが多い。

×叙勲者↓○受勲者

「叙勲」は勲章を授けることなので、勲章をもらう人のことを「叙勲者」というのは間違い。

×機密漏洩を守る↓○機密を守る

「漏洩（漏れる）を守る」では、意味が成立しない。機密漏洩は「防ぐ」もの。

×閉店休業状態↓○開店休業状態

店を開けていても、お客が来ず、店を閉めているのと同じ状態であること。「開店休業」だから、ユーモアと自嘲を伴うこの言葉が成立する。「閉店休業」では当たり前の話。

×年賀状を買う↓○年賀葉書を買う

「年賀状」は、新年を祝って送り合う賀状のことであり、買うものではない。郵便局などで買うのは、「年賀葉書」。

×まれに見ぬ↓○まれに見る

○は、ひじょうに珍しいという意味。「めったに見ない」という意味ではあるのだが、「見ぬ」としてはダメ。

■気をつけて見れば間違いに気づく日本語

×英文の文章で書かれている↓○英文で書かれている

「英文の文章」は重複表現。「英語の文章」であればOK。

×故○○さんが亡くなられる→○　○○さんが亡くなられる

×のようにいうと、すでに故人である○○さんが、もう一度亡くなるというような意味になってしまう。

×服を着ないまま→○服を着ないで　○服を着ずに

「まま」は、ある動作や状態が継続している様子を表す言葉。だから、「服を着たまま」とはいえても、「着ないまま」という言葉はない。「服を着ないで」か「服を着ずに」というのが正しい表現。

×閉店時間を延長する→○営業時間を延長する

「延長」は、長さや期間を延ばすことなので、時刻を意味する「閉店時間」を延ばすことはできない。時間の長さを意味する「営業時間」を使い、「営業時間を延長する」というのが正しい。

×盛況のままに終わる↓○盛況のうちに終わる

これも、前項と同様、「まま」の誤用。「まま」は継続している様子を表すので、「〜のまま」では終われない。

×ラッキーに恵まれる↓○幸運に恵まれる

「ラッキー」は、英語としては形容詞であるためか、日本語のなかで使う場合も、名詞として使うと微妙な違和感を伴う。「ラッキーな内野安打」など、形容動詞化して使うのが適切な使い方といえる。

△ベスト4↓○4強

「ベスト4」や「ベスト8」は、新聞社、放送局などの〝言葉業界〟で、以前から議論の対象になってきた言葉。「ベスト」(最良)というのに、4つも8つもあるのはおかしいという意見があるためだ。そこで、ベスト4などに代わって「4強」や「8強」を使う社もある。ただし、この議論に決着がつかないうち、「ベスト4」や「ベスト8」は和製英語として定着している。

△タフな試合↓○タフさが要求される試合

「タフ」は、身体や精神が丈夫であること。そのため、「タフな試合」という表現は、形容する語とされる語がマッチしていないという意見もある。体力や精神力が要求される試合は、「タフさが要求される試合」というのが正しいということになる。

■よく使うだけに言い間違えてしまう①

×人波がまばら↓○人影がまばら

「人波」は、大勢の人が波のように押し合って動くさまで、「人波をかき分ける」「人波にもまれる」などと使う言葉。まばらなこともあるのは、「人影」のほう。

×数えられるほど↓○数えるほど

○は、一つ、二つと勘定できるほど、数が少ないさま。一方、逆の意味の言葉は

「数えきれないほど」で、「数えきられないほど」は×。

△応じざるをえない↓○応ぜざるをえない

△は、現代語の「応じるの連用形」＋「ざるをえない」の形。一方、○は、文語の「応ず」の連用形に「ざるをえない」をつけた形。「〜ざるをえない」という古風な言い回しには、文語の「応ず」を使って「応ぜざるをえない」としたほうがしっくりくる。

×公算は低い↓○公算は小さい

「公算」は、あることが起こる可能性の度合い。確率の問題なので、「大きい・小さい」で形容するのが適切。

×手袋をはく↓○手袋をはめる

「はく」はズボンをはく、靴下をはくなど、下半身用に使う動詞。手袋は「はめる」か「つける」もの。

×預金を引き下ろす↓○預金を下ろす　○預金を引き出す

預金は、銀行や口座から「下ろす」か、「引き出す」もの。「引き下ろす」ものではない。

■よく使うだけに言い間違えてしまう②

△窮地に陥る↓○窮地に立つ

「窮地」は穴ではないので、「陥る」と続けるのは、本来は不適切。ただし、そのように使う人が増え、なかば慣用化した感がある。

×金が何にもなくなる↓○家も仕事も金も何にもなくなる

「何にもなくなる」は、いろいろな種類のものがなくなるときに使う言葉。「一種類のものがすべてなくなる」という意味には使えない。

×税金を値上げする→○税金を引き上げる

税金はものの値段ではないので、「値上げする」という動詞は似合わない。税金は料率を引き上げるものなので、「引き上げる」と続けるのが適切。

×手形を割引する→○手形を割り引く

値段を下げることは「割引する」ともいうが、手形は「割り引く」と続けるのが正しい。

■よく使うだけに言い間違えてしまう③

×ない知恵を出す→○ない知恵を絞る

「ない知恵」は「絞る」と続けるのが正しい形。「ない知恵を絞って考えたのですが」などと謙遜して使う語で、「ない知恵絞って考えたらしいよ」などと、人に対して使うのは失礼。

×屈託のないご意見↓○忌憚《きたん》のないご意見

「忌憚」は忌み憚ることで、それが「ない」のだから、「遠慮なく」という意味になる。一方、「屈託のない」は、気にかかることがないという意味で、「屈託のない笑顔」などと使う言葉。

×コーヒーをたてる↓○コーヒーをいれる

「茶をたてる」の「たてる」は、かき回すことを意味し、もとは茶の湯で、とりわけ濃茶《こいちゃ》に関して使う言葉。コーヒーなど、他の飲料には似合わない。

×やるせぬ思い↓○やるせない思い

「やるせない」は、つらく悲しい、せつないという意味。漢字では「遣る瀬ない」と書く。×の「やるせぬ」では「遣る瀬ぬ」と書くことになってしまう。

△家屋が流出する↓○家屋が流失する

家屋、船舶、橋などは流れて失われるので、「流失」がふさわしい。石油、ガス、汚水などは、流れ出るので「流出」が似合う。なお、文化財、頭脳などが外国に渡るときには、比喩的に「流出」を使う。

△外めの球↓○外角の球

「〜め」は形容詞の語幹につく接尾語で、「高めの球」「低めの球」は、高いや低いが形容詞なので、正しい表現。一方、「外」や「内」は名詞なので、「外め」や「内め」は文法的にはおかしい言葉。ただし、野球中継では「外めの球」という言葉が頻出するのは、ご存じのとおり。

2「決まった表現」の言い間違いは大人のタブー

■一字違いがキケンな慣用句

×大きいお世話↓○大きなお世話

成句には「大きな顔をする」「大きなことを言う」など、この「大きな」を使う語が多い。「大きい顔をする」「大きいことを言う」は定型を外れているので、厳しいようだが×。

×夜も日も暮れない↓○夜も日も明けない

○は、それがなくては、一時も過ごせないという意味。「夜も日中も過ごせない」という意味。

×暗に陽に↓○陰に陽に

○は、あるときは目立たないように、あるときは表立って、という意味で、「陰に陽に後押ししてくれる」などと使う。「暗に」という言葉はあるが、それと混同しないように。

×痛いところをつつかれる↓○痛いところをつかれる

○の「つかれる」は、漢字では「衝かれる」と書き、欠点や弱点を指摘されること。

×身につまれる↓○身につまされる

「つまされる」には、強く心を動かされるという意味があり、○は、人の不幸などが自分のことのように思われること。

×人道におとる↓○人道にもとる

「もとる」（悖る）は「反する」という意味で、今はもっぱら「人道にもとる」の形で使われる。「劣る」と勘違いしないように。

×霊験あらかた→○霊験あらたか

「あらたか」は漢字では「灼か」と書き、神仏の霊験が著しいさま。大体を意味する「あらかた」（粗方）とは、まったく違う言葉。

×実もたわわに→○枝もたわわに

「たわわ」は漢字では「撓わ」と書き、実の重さで木の枝が弧を描いて曲がっているさまを表す。曲がっているのは、枝であり、実ではない。

■一字違いが大違いになる慣用句

×貧すれば通ず→○窮すれば通ず

○は、どうにもならなくなると、かえって思いがけない活路が開けるものという意味。「貧すれば鈍する」と混同しないように。

×後ろには引けない↓○あとには引けない

引き下がれない、譲歩できないという意味。慣用句としては、あとを使う。

×としわもいかぬ↓○年端もいかぬ

年が若いこと、まだ幼いこと。耳で覚えていると、「としわ」と誤りやすい。

×余命をつなぐ↓○露命《ろめい》をつなぐ

○は、細々と命をつなぐこと。「露命」は、露のようにはかない命のことで、若くても「露命」のことはある。「余命」とは関係のない言葉。

×どの顔下げて↓○どの面下げて

どんな面目があって、という意味。図々しさや無神経さを非難するときに使う言葉であり、「面《つら》」という品のよくない表現が効果的な成句。

×伏せ目がち→○伏し目がち

「伏し目」は、現代語の「伏せる」に目がついたのではなく、文語の「伏す」に目がついた形。視線を下に向けがちな様子を表す。

×後ろ髪を指される→○後ろ指を指される

「後ろ髪を引かれる」という言葉と混同しないように。

×頭の上の蚊も追えない→○頭の上の蝿も追えない

自分で自分のことを始末できないことのたとえ。「蝿」を使うのが、お約束。

×くみやすし→○くみしやすし

○は、相手が非力で、容易に勝てそうなさま。漢字では「与し易し」と書く。

×興にはいる→○興《きょう》にいる

面白さを感じて夢中になること。漢字では「興に入る」と書くが、この「入る」

を「はいる」と読まないように。

×しいては事をし損じる→○せいては事をし損じる

「せいては」は漢字では「急いては」と書き、○は、急ぐと失敗しやすくなるという意味のことわざ。「強いて言うと」などと使う「強いて」につられて、言い間違えないように。

■助詞が命取りになる慣用句

×頭を下げる思い→○頭が下がる思い

敬服しないではいられない、感服するという意味。「頭がしぜんに下がる」というニュアンスを含み、「頭が下がる」が正しい形。

×興奮さめやまぬ→○興奮さめやらぬ

漢字では「醒め遣らぬ」と書き、まだすっかりは醒めてはいないという意味。

「醒め遣らぬ」という複合動詞の後半が「遣る」の否定形なので、「やまぬ」とはならない。

×只ほど高いものはない↓〇只より高いものはない

ただでものをもらったり、理由のない好意を受けたりすると、あとで無理なことを頼まれるなどして、かえって高くつくという意味。強調の意味で、「より」を使うのが、このことわざの正しい形。

×木を竹に継ぐ↓〇木に竹を接ぐ

性質が違うものを組み合わせようとして、釣り合いがとれないこと。木に竹を接ぎ木しようとしても、うまくいかないことから。土台になるのは「木」のほう。

×歯牙にかけない↓〇歯牙にもかけない

この「にも」は、格助詞の「に」＋係助詞の「も」の形で、強調を表す。〇の意味は、相手にしない、問題にしないこと。

×手と手を取って→○手に手を取って

「手と手を取る」ではなく、「手に手を取る」が正しい形。互いに手を取り合うことから、提携する、あるいは男女が一緒に行動するという意味になる。

×苦ともしない→○苦にしない

成句としての基本形は「苦にする」で、その否定形は「苦にしない」か「苦にもしない」。「苦ともしない」と間違える人がいるのは、「ものともしない」などが耳になじんでいるためか。

×思い半ばを過ぎる→○思い半《なか》ばに過ぎる

出典は『易経』で、もとは「考えてみると、思い当たることが多い」という意味。今は過去を振り返ると、感慨にたえないという意味に使われることが多い。いずれにせよ、「思い半ばに」が正しい形。

×我と思わぬ者↓○我と思わん者

○は、自分こそ優れていると自信がある者のこと。「我と思わん者は名乗りでられたい」などと使う。「～思わぬ者」では、意味が成立しない。

×影に形の添うように↓○影の形に添うように

実体（形）が主で、影が従なので、○が正しい形。いつもそばに寄り添っている様子を表す。

■つい言葉を〝盛りがち〟なお決まり表現

△苦節十年の末↓○苦節十年

「苦節」は、逆境でも自分の信念や考えを守り抜くこと。「苦節十年、計画を達成する」などと使い、「の末」をつける必要はない。また、「苦節」のあとには、それなりに長い年数を表す言葉を続けるもので、「苦節半年」くらいでは、誤用とは言わないまでも、ぴんとは来ない。

×猫の皮をかぶる→○猫をかぶる

「人の皮をかぶる」（人でなしを罵る語）という言葉はあるが、混同しないように。「猫をかぶる」は、おとなしく、しおらしいふりをするさま。

×買いかぶりすぎ→○買いかぶり

「買いかぶり」という言葉自体が「過ぎる」という意味を含んでいるので、「〜すぎ」をつけると重複表現になる。

×前夜来の雨→○夜来の雨

「夜来」は、昨夜来という意味。だから、「前夜来」や「昨夜来」は重複表現になる。○は「夜来の雨が上がる」などと使う。

×安かろうが悪かろうが→○安かろう悪かろう

値段の安いものには、品質の悪いものが多いという意味で、後者が正しい形。

×お膳立てをそろえる→○お膳立てをする

「お膳立て」は揃えるという意味を含んでいるので、×は重複表現。

×両雄相並び立たず→○両雄並び立たず

定型は、単に「並び立たず」で、「相」は必要ない。力の強い者が二人いると、争いが起き、どちらかが倒れるという意味。出典は『史記』。

■つい言葉を〝端折りがち〟なお決まり表現

×血を洗うような→○血で血を洗うような

出典は『旧唐書』で、もとの形は「血を以て血を洗う」。暴力に暴力で対処する、あるいは、血のつながっている者同士が争うという意味は、血が二回出てこないことには成立しない。

×〜と吐き捨てる→○〜と吐き捨てるように言う

不満などを荒々しく口にすることは、「吐き捨てるように言う」が正しい形。単に「吐き捨てた」では、言葉を荒々しく使うという意味が成立しない。

×生殺与奪を握る→○生殺与奪の権を握る

生かすも殺すも、与えるも奪うも、思いのままという意味で、「権」という言葉をはさむのが正しい形。

×頭の先から爪の先まで→○頭の先から足の爪先まで

×のように「足の」を省いてはダメ。手にも爪があるので、「体の隅から隅まで」という意味が成立しなくなる。「頭のてっぺんから足の爪先まで」ともいう。

×火がついたようにしゃべる→○油紙に火がついたようにしゃべる

油を塗った紙が、〝ぺらぺら〟とよく燃えることからの比喩。なお、「火がついたように泣き出す」という言い方はある。

×嘘は泥棒の始まり↓○嘘つきは泥棒の始まり

嘘をつくと、善悪の感覚がなくなり、やがては盗みも働くようになるという意味。だから、嘘をついてはならないという戒め。

×李下に冠を正す↓○李下《りか》に冠を正さず

最後が否定形でないと、意味が成立しない。また、「りか」と打つと、たいていは「理科」と変換されるので注意。

×愛想も小想も尽きる↓○愛想も小想《こそ》も尽き果てる

最後の動詞は「尽き果てる」が正しい形。ことわざや成句は、勝手に定型を崩してはダメ。

×何者でもない↓○以外の何者でもない

「怠慢以外の何者でもない」など、「以外」を必要とする。

×江戸のお膝元↓○江戸城のお膝元

「お膝元」は、天皇や将軍など、君主のいる場所の近くという意味。「徳川将軍家のお膝元」などとはいうが、「江戸のお膝元」では意味が成立しない。

■つい言葉を〝反対にしがち〟なお決まり表現

×前門の狼、後門の虎↓○前門の虎、後門の狼

一つの災いを逃れても、また別の災いがふりかかってくることのたとえ。虎が前で、狼が後ろという順番が正しい。

×左から右↓○右から左

「右」と「左」が一緒に出てくる成句は、「右」から始めるのがお約束。「右と言えば左」「右の耳から左の耳へ抜ける」「右を見ても左を見ても」「右も左もわからない」は、すべて右から左の順。

×骨を切らせて肉を断つ↓○肉を切らせて骨を断つ

捨て身の覚悟で、敵に勝とうとするさま。肉↓骨が正しい順番。なお、「皮を切らせて肉を断つ」という言葉もある。

×勝負に勝って相撲に負ける↓○相撲に勝って勝負に負ける

相撲内容では相手を圧倒しているのに、勝敗では負けることから、途中までは優位に進めながら、最終的には悪い結果に終わるという意味。「相撲」と「勝負」を逆さまにしないように。

×大の虫を殺して小の虫を助ける↓○小の虫を殺して大の虫を助ける

大事のために小事を犠牲にするという意味なので、殺すのは「小の虫」のほう。

×森を見て木を見ず↓○木を見て森を見ず

細部にこだわり、全体像を見失うことのたとえなので、見るのは細部のたとえである「木」のほう。

■その組み合わせでは間違いになる①

×悪評さくさく→○悪評ふんぷん

「好評さくさく」「名声さくさく」という言葉はある。なお、「さくさく」は漢字では「嘖々」と書く。

×釈迦に念仏→○釈迦に説法

あるいは「釈迦に経」という言葉はある。×は「馬の耳に念仏」と混同したものか。

×困ったときの神頼み→○苦しいときの神頼み

ふだんは信心していないのに、苦しいときに限って、神に助けを求めるさまをからかっていう言葉。○が正しい形。

×年に不満はない↓○年に不足はない

○は、物事をするのに、若すぎるということはないという意味。あるいは、十分に生きたので、いつ死んでも不満はない、という意味でも使われるが、「年に不満はない」というのは×。

×清貧洗うがごとし↓○赤貧洗うがごとし

貧乏で、まるですべてを〝洗い〟流したように、何も持っていないさま。一方、「清貧」は、貧しいが清いという意味の〝ポジティブ〟な貧乏で、「清貧に甘んじる」（貧しいが、行いが正しく、心清らかという意味）の形でよく使われる。

×蜀犬月に吠ゆ↓○蜀犬《しょっけん》日に吠ゆ

無知なため、当たり前のことを怪しむことのたとえ。中国の山深い蜀地方の犬が、たまに日が出ると吠えたというたとえ話から。『月に吠える』という萩原朔太郎の詩集はあるが、この成句は「日に吠ゆ」。

×武士は食わねど爪楊枝↓○武士は食わねど高楊枝

「高楊枝」は、まるで満腹しているかのように、楊枝をゆったりと使うこと。単に「爪楊枝」では、比喩として弱い。

■その組み合わせでは間違いになる②

×正月は冥土の旅の一里塚↓○門松は冥土の旅の一里塚

門松を立てるたび、一年ずつ死に近づくことになるという意味。門松を形の似た一里塚に見立てているのだが、「正月は～」とすると、この見立てが成立しない。一休禅師の狂歌の一部と伝えられ、このあと「めでたくもありめでたくもなし」と続く。

×娘十八番茶も出花↓○鬼も十八《じゅうはち》番茶《ばんちゃ》も出花《でばな》

どんなに器量の悪い娘も、年頃になれば娘らしくなるという意味。鬼や番茶にたとえているため、人に対して使うと、ほめ言葉ではなく、むしろ悪口になってしまう。

×求めよさらば開かれん↓○叩けよさらば開かれん

新約聖書マタイ伝にある言葉で、神に救いを求めれば、神はこたえてくれるという意味。それが、俗世間では、努力する者にこそ、運命は開かれるという意味で使われている。なお、「求めよ」に続くのは「さらば与えられん」。

×昔日の感↓○今昔《こんじゃく》の感

今と昔を思い比べて、その変わりようをしみじみと感じる気持ち。×の「昔日の感」では、昔のことばかりになり、この意味が成立しない。

×言葉が滑る↓○口が滑る

「舌が滑る」もOKだが、「言葉が滑る」は×。○の「口が滑る」は、言ってはいけないことをうっかり言ってしまうこと。

×態度を濁す↓○言葉を濁す

○は、言葉を曖昧にするという意味。言葉は濁せても、態度を濁すことはできない。

×人は見た目によらぬもの↓○人は見かけによらぬもの

人は、外見からだけでは、能力や性格を判断できないという意味。「見かけ」を使うのが正しい形。

×髪を丸める↓○頭を丸める

○は、頭を丸坊主にすることで、仏門に入るという意味にも使われる。一方、「髪を丸める」というと、髪をお団子のようにまとめるという、別の意味になってしまう。

×笑顔がこぼれる↓○笑みがこぼれる

「思わず、笑顔がこぼれましたねえ」などと、口語ではよく耳にする誤用。笑みはこぼれても、笑顔＝顔がこぼれることはない。

×口を突っ込む↓○首を突っ込む

物事にかかわるという意味。似た意味の言葉で、「口を出す」や「口をはさむ」とはいうが、突っ込むと続けるのは「首」。「下手に首を突っ込むと、後悔するよ」など。

■キチンとおさえないと後々こまる慣用句

×末席を汚《よご》す↓○末席を汚《けが》す

「汚す」は、「よごす」とも「けがす」とも読むが、この言葉は「けがす」と読む。なお、犯罪に手を染める「手を汚す」は「よごす」と読む。

×勇将の下《した》に弱卒なし↓○勇将の下《もと》に弱卒なし

リーダーが立派であれば、部下もそれにならって立派な働きをするものだという意味。成句では、「下」を「もと」と読むことが多い。

×渾身作↓○入魂の作

「渾身」は体全体のことであり、「渾身作」では意味が成立していない。「渾身」を使う場合は、「渾身の力を込めた作品」のようにいう必要がある。

×箸が転がってもおかしい年頃↓○箸が転んでもおかしい年頃

○は、日常の何でもないことでも、おかしく感じる年頃。「転んでも」が正しい形である。十代後半の女性専用の言葉なので、男子高校生などに使うと間違いになる。

×好事魔、多し↓○好事、魔多し

「好いこと（好事）には邪魔（魔）が多い」という意味であり、〝好事魔〟という三文字熟語があるわけではない。

×霞を食べる↓○霞《かすみ》を食う

仙人が霞を食って生きているといわれることから、浮世ばなれしているさま。「食う」という言葉が下品でも、「食べる」に言い換えることはできない。

×戒厳令を引く↓○戒厳令を敷く

「戒厳令」は、非常時に、通常の行政権や司法権を停止し、軍などに統治権をゆだねる命令。その命令は「敷く」ものであり、「引く」ものではない。

×一戦を交《か》わす↓○一戦を交《まじ》える

一勝負する、一度戦うという意味。「上司と一戦を交える」など。

×目に物言わす↓○目に物見せる

思い知らせる、ひどい目にあわせること。「今日という今日は、目に物見せてやる」など。なお、「金に物を言わせる」という言葉はある。

■動詞で失敗しがちな慣用句①

×石にしがみついてでも↓○石にかじりついてでも

文化庁の「国語に関する世論調査」では、23%の人が×のように使うと答えた言葉。○の意味は、是が非でも、どんな苦労があっても。

×雲をつかまえるよう↓○雲をつかむよう

つかみどころがまったくないさまで、「雲をつかむような話」などと使う。なお、「雲をつくよう（衝くよう）」は、背がひじょうに高いことの形容。

×袋小路にはまる↓○袋小路に入り込む

物事が行き詰まり、先に進めない状態。「袋小路」は行き止まりの路地のことであり、そこに入り込んだり、迷い込むことはあるが、落とし穴ではないので、はまったり、落ちたりすることはない。

×好評を取る↓○好評を得る　○好評を博する

評判は「取る」ものだが、好評は「得る」か「博する」もの。

×深みに溺れる↓○深みにはまる

漢字で書くと「深みに塡《は》まる」。悪い状態にはまって、抜け出せなくなるという意味であり、溺れるわけではない。

×嗚咽を噛み殺す↓○嗚咽《おえつ》をこらえる

「嗚咽」は、声を詰まらせて泣くこと。つまりは、むせび泣きであって、それは「こらえる」もの。あくびのように「噛み殺す」ものではない。

×キーポイントを握る↓○キーポイントを押さえる

「ポイント」は「点」のことなので、握ることはできない。「押さえる」と続けるのが適切。「キーを握る」（鍵を握る）という言い方はできる。

×後塵を浴びる→○後塵《こうじん》を拝する

馬車が走り去ったあとの土ぼこり（後塵）を浴びるという意味から、人に先んじられること。土ぼこりを浴びるわけだが、成句としては「拝する」が正しい。

×秋風が吹きはじめる→○秋風が立ちはじめる

秋を「飽き」にかけて、男女の愛情が冷めるさまを意味する言葉。「秋風が吹く」では、慣用句になっていないので、単に秋らしい風が吹くという意味になってしまう。

×甲羅を重ねる→○甲羅を経る

長生きして経験を重ねるという意味で、○が正しい形。「世間ずれする」というネガティブなニュアンスを含むので、人に対しては使わないほうがいい。「私も、多少は甲羅を経ていますので」などと、自分に関して使う言葉。

×看板をはずす↓〇看板を下ろす

〇は、店を閉めること。その日閉店するという意味にも、店を廃業するという意味にも使う。

×先鞭を切る↓〇先鞭をつける

人より先に着手すること。「先陣を切る」「先頭を切る」と混同して「〜を切る」と続けないように。

×幕を閉める↓〇幕を閉《と》じる

物事を終わりにすること。「幕を引く」ともいうが、「幕を閉める」という成句はない。

△暮れも押し迫る頃↓〇暮れも押し詰まる頃

「押し詰まる」は、目前に迫ってくるという意味で、「今年も押し詰まりまして」などと使う。「押し迫る」は「間近に迫る」という意味で、「暮れも押し迫る」という言い方もできるが、「押し詰まる」のほうがよく使われている。

■動詞で失敗しがちな慣用句②

×尻に引く→○尻に敷く

女房が亭主を思いのままにすること。座布団のように尻に敷くという意味なので、「敷く」が正しい形。

×合いの手を打つ→○合いの手を入れる

合いの手は「入れる」もの。一方、あいづちは「打つ」もの。

×腕を撫でる→○腕をさする

さする（摩る）と撫でるは、ほぼ同じ意味の動詞だが、この成句では「さする」を使う。意味は、自分の腕前を表そうと、機会を待ち構えるさま。

×顎が出る→◯顎《あご》を出す

◯は疲れ果てて、続ける気力がなくなること。

×弓矢を引く→◯弓を引く

引くのは「弓」で、矢は「放つ」もの。「はむかう」という意味。

×蟻の入り込む隙もない→◯蟻の這い出る隙もない

◯の「這い出る」が正しい形。「蟻の這い出る隙もない包囲網」など。

×一計を要する→◯一計を案じる

「一考を要する」という言葉はある。

×眦をつり上げる→◯眦《まなじり》を決する

この「決する」は「裂く」という意味で、目をかっと見開くさまを表す。そこから、強い決意や怒りを表し、「眦を決して立ち向かう」などと使う。

×口に上がる↓○口に上《のぼ》る

噂に上ること。「口に上せる」（話題にするという意味）という成句はあるが、「口に上がる」は×。

×奥歯に物が引っかかったような↓○奥歯に物がはさまったような

思いを率直に表現せず、思わせぶりな言い方をするさま。「はさまった」が正しい形。

×爪に火を燃やす↓○爪に火を点《とも》す

ひじょうに貧しい暮らしのたとえ。ろうそくなどの代わりに、自分の爪に火をつけて、灯にするという意味で、「点す」を使うのが正しい形。

×舌端火を噴く↓○舌端《ぜったん》火を吐く

言葉鋭く論じたてること。普通、火は「噴く」ものだが、この成句は「吐く」が正しい形。

×酒を飲み交わす↓○酒を酌《く》み交わす

互いにつぎあって酒を飲むさまは「酒を酌み交わす」。「杯を交わす」ともいい、「水杯を交わす」「夫婦《めおと》杯を交わす」などと使う。「酒を飲み交わす」という言葉はない。

×嫌気がする↓○嫌気が差す

「嫌気」は「いやき」とも読むが、「差す」と続けるのが、この成句の正しい形。嫌だという気持ちが起こること。

×功なり名を上げる↓○功なり名を遂げる

立派な仕事（功）をなしとげ、名声を世に残すこと。成句なので、同じような意味でも、×のように定型からはずれると、誤用になる。

■動詞で失敗しがちな慣用句③

×袂を分ける→○袂《たもと》を分かつ

「分かつ」を使うのが正しい形で、「袂を分かつ」とは一緒に行動していた仲間と別れること。「袖を分かつ」という同じ意味の言葉もあるが、今はあまり使われていない。

×同じ釜の飯を食べる→○同じ釜の飯を食う

生活をともにすること。「食う」という言葉が下品ではあっても、「食べる」に置き換えることはできないパターン。

×鬼面人を嚇かす→○鬼面《きめん》人を嚇《おど》す

見せかけの権力や権威で、人をおどすこと。「嚇《おど》かす」ではなく、「嚇《おど》す」。「鬼の面をかぶって、人をおどすように」という意味。

×毒を食わば皿まで↓〇毒を食らわば皿まで

いったん悪事に手を染めた者が、さらに悪事を重ねることのたとえ。毒入りのものを食べれば、どうせ死ぬので、皿までなめるという意味。「毒を食らわば」が正しい形。

×雲霞の如く散る↓〇雲霞《うんか》の如く集まる

雲や霞が湧くように、大勢が集まるさま。「雲霞の如く」の次には「集まる」のほか、その類義語も使われ、「雲霞の如く押し寄せる」「雲霞の如く群がる」もOK。

×思いついたが吉日↓〇思い立ったが吉日

何か事をしようと思ったら、すぐにするのがいいということ。昔の人は、暦で縁起がよいとされる日を選び、事を始めることが多かったが、そんな日の吉凶など気にせず、すぐに始めなさいという意味を含んでいる。

×策士策に敗れる↓○策士策に溺れる

策謀をめぐらす者は、策謀に熱中しすぎて、かえって失敗することがあるという意味。策に〝溺れ〟、大事な点や大局を見失って失敗するという意味なので、「溺れる」としめくくる。「(相手の)策に敗れる」わけではない。

×一難過ぎればまた一難↓○一難去ってまた一難

災難を切り抜けて一安心したところ、また別の災難がふりかかってくること。「一難去って」が正しい形。

×屋上屋を重ねる↓○屋上屋《おくじょうおく》を架《か》す

屋根の上にさらに屋根を架けるような、無駄なことをするたとえ。「〜を重ねる」という人が増えているが、間違い。

■他の慣用句と混ざりやすい言葉

×手もさけんばかりに↓○手もちぎれんばかりに

「手もちぎれんばかりに振る」などが正しい形。「手もさけんばかりに」という誤用は、「のどもさけんばかりに（叫ぶ）」という別の言葉との混同から生じたものだろう。

×耳を背ける↓○耳を覆う

聞かないようにするさまで、「耳を覆うような話」などと使う。「耳をふさぐ」ともいうが、「耳を背《そむ》ける」は×。「目を背ける」「顔を背ける」（ともに、見ないようにすること）と混同しないように。

×小耳に入れる↓○小耳にはさむ

ちらりと聞くこと。「耳に入れる」（耳打ちするという意）とはいうが、「小耳に入れる」という言葉はない。

×藁をもつかむ思いで→○藁《わら》にもすがる思いで

「溺れる者は藁をもつかむ」ということわざはあるが、「藁をもつかむ思いで」という言葉はない。正しくは「藁にもすがる思いで」。これで、頼りのないものまで頼りにすることのたとえになる。

×毒にも薬にもしたくもない→○薬にしたくもない

後者は、薬は少量使うものだが、その少量すらないという意味。「毒にも薬にもならない」ということわざはあるが、それは「害はないが、役にも立たない」という意味の別の言葉。

×時の女神→○勝利の女神　○時の氏神

「勝利の女神が微笑む」という形で使われることが多く、この女神はギリシャ神話の女神ニケを指す。一方、わが国には「時の氏神」（収拾がつかなくなったときに現れ、うまく仲裁してくれる人）という言葉がある。両者を混同しないように。

×盗人にも五分の魂→○一寸の虫にも五分の魂

一寸（約3センチ）の虫にも、その半分のサイズ（五分）の魂が宿っているということから、小さく弱い者でも、それ相応の意地や根性をもっているという意味。「盗人」が出てくるのは「盗人にも三分の理」。

×死中に活を得る→○死中に活《かつ》を求める

「九死に一生を得る」という成句では「得る」を使うので、×はそれとの混同か。また、ワープロソフトでは「活」が「勝」に変換されやすいので注意。

×聞き耳を傾ける→○聞き耳を立てる

「耳を傾ける」とはいうが、「聞き耳」は立てるもの。また「小耳を傾ける」も×。前述のとおり、小耳にははさむもの。

Step2

やってはいけない日本語の「読み間違い」

1　その読み間違いは、やっぱりマズい

■小学校低学年で習っていても……

□上向き

×うえむき→○うわむき

伝統的に「うわむき」と読み、辞書もこちらを見出し語にしている。動詞にすると、「上向《うわむ》く」で、「景気が上向く」など。

□交通の便

×びん→○べん

この「便」は、便利のよしあしという意味で、「便《べん》がいい」「便《べん》がよくない」などと使う。同じ交通関係でも、「次の便」や「明日の便」は「びん」と読む。

□**酒断ち**

×さけだち→○さかだち

本来は、単なる断酒のことではなく、神仏に祈願するため、酒を断つこと。

□**青空の下**

△あおぞらのした→○あおぞらのもと

青空や秋空など、好天の「下」は「もと」と読む。雨空や梅雨空など、天気がよくない場合は、「した」と読むこともある。他に、「白日の下にさらす」「幸運の星の下」「彼の下で働く」なども、「した」ではなく、「もと」と読む。

□**間の手**

×まのて→○あいのて

山間は「やまあい」、谷間は「たにあい」と読むなど、「間」を「あい」と読む言葉は意外に多い。ただし、「あいの手」は、近頃は「合いの手」と書くのが普通になっている。

□**後の月**

×あとのつき→○のちのつき

九月の十三夜のこと。八月の十五夜を「初名月《はつめいげつ》」と呼ぶのに対する言葉。

□**鼻白む**

×はなじらむ→○はなじろむ

「空が白《しら》む」などにつられて、「～じらむ」と読まないように。興ざめする、気分を害するという意味。「無粋な話に鼻白む」など。

□**木道**

×ぼくどう→○もくどう

尾瀬などでおなじみの、湿地帯などに板や木を渡して作った道。木を「もく」と読むのは呉音、「ぼく」と読むのは漢音で、普通名詞は「もく」、抽象名詞的な熟語は「ぼく」と読むことが多い。木像、木星、木炭などは「もく」と読み、木鐸、木石などは「ぼく」と読む。

□**西国**

×せいごく→○さいごく　○さいこく

古くは、関西より西の国を指したが、後には意味が拡大し、西洋の国々まで意味するようになる。文明開化期のベストセラー『西国立志編《さいごく》』の「西国」は、ヨーロッパ諸国を表している。

□**曲物**　×くせもの↓○まげもの

木材を曲げて作った器。「曲物細工」など。一方、「くせもの」と読むのは「曲者」。

□**出湯**　×でゆ↓○いでゆ

湧き出る湯、温泉のこと。「出湯《いでゆ》の町」などと使う。「でゆ」と誤読されやすいので、近年は、「出で湯」と書くことが多くなっている。

□**床をのべる**　×ゆか↓○とこ

布団を敷くという意味。他にも、「床《とこ》」が寝床を意味する言葉は多く、「床に就く」は寝床に入ること。「床上《とこあ》げ」は病が癒えること。「床に伏せる」は病床につくこと。

■自信をもって読みこなしたい言葉

□添え乳　×そえちち→○そえぢ

乳飲み子は「ちのみご」、乳房は「ちぶさ」というように、「乳」は意外に「ち」と読むことが多い。「添え乳」は、添い寝して、乳を飲ませること。

□細切れ　×ほそぎれ→○こまぎれ

細《ほそ》くではなく、細《こま》かく切ったもの。「肉の細切れ」「細切れ時間」など。「小間切れ」とも書く。

□定席に座る　×ていせき→○じょうせき

いつも座る席のこと。ほか、常設の寄席という意味もある。「定席」「定石」「定跡」は、いずれも「じょうせき」と読む。

□**十徳ナイフ**　×じゅっとくないふ→○じっとくないふ

「十」は単独では「じゅう」と読むが、熟語になった場合は「じっ」と読むことが多い。十手は「じって」、十把は「じっぱ」、十進法は「じっしんほう」という具合。

□**九里四里うまい十三里**　×くりょんり→○くりより

「栗より」とかけたシャレ言葉。「十三里《じゅうさんり》」はさつまいもの異名。

□**粘々**　×ねんねん→○ねばねば

最近はあまり使われない書き方だが、古い小説などで見かけるので、紹介しておく。「手が粘々する」などと使い、粘りがあって他の物にひっつきやすいさまの形容。

□**荷役**　×にえき→○にやく

荷物（おもに船荷）を揚げ卸しすること。

□寝入り端

×ねいりはし↓○ねいりばな

端を「はな」と読む言葉は案外多く、「初っ端」は「しょっぱな」、「端から疑う」は「はなからうたがう」と読む。

□お侠

×おきょう↓○おきゃん

「侠」を「きゃん」と読むのは、中国が唐の時代に伝わってきた唐音。若い女性が活発なさまを意味するが、おてんばで、やや軽率というニュアンスを含む。

□木の香

×このか↓○きのか

木の葉は「このは」と読むが、木の香は「きのか」。木の実は「このみ」「きのみ」のいずれでもOK。

□雪催い

×ゆきもよおい↓○ゆきもよい

今にも、雪が降り出しそうな天気。「雪催いの空」など。雨催いは「あめもよい」。

■堂々と読みこなしたい言葉

□**質しました**　×しっしました↓○ただしました

「質す」を「ただす」と読むとは知っていても、「質しました」となると、なぜか、つい「しっしました」と読みたくなる言葉。

□**纏わる**　×まとわる↓○まつわる

「源氏に纏わる伝説」などと使い、関係する、からむという意味。「纏う」と混同して、〝まとわる〟などと読まないように。

□**大迷惑**　△だいめいわく↓○おおめいわく

もともとは「おおめいわく」と読むが、近年は「だいめいわく」と読む人が増えている。

□いろは四十八組　×いろはよんじゅうはちくみ↓○いろはしじゅうはちくみ

「四十八手」も、「よんじゅうはって」ではなく、「しじゅうはって」と読む。

□格天井　×かくてんじょう↓○ごうてんじょう

材木を格子に編んだ天井。書院造りなどで、格式の高い部屋に用いる様式。

□立女形　×たておんながた↓○たておやま

女形は「おやま」とも「おんながた」とも読むが、「立」がつくと「たておやま」と読む。女形の中で最高位の歌舞伎役者。

□一文（をしたためる）　×いちもん↓○いちぶん

「いちもん」と読むと、銭が一文（江戸時代の貨幣単位）という意味になってしまう。

□一山の僧　×いちざんのそう↓○いっさんのそう

「同じ山中にある全寺」という意味の場合は、「いっさん」と読む。

□頬かむり　×ほほかむり↓○ほおかむり

頬は「ほほ」とも「ほお」とも読むが、「ほほ」と読むのは、おおむね「頬」一字の場合で、「頬かむり」「頬張る」「頬杖」などは「ほお」と読む。

□口を一文字に結ぶ　×いちもじ↓○いちもんじ

「一文字」は、「一」という字のようにまっすぐなことで、「一文字に突き進む」などと使う。「八文字」「十文字」なども、「もんじ」と読む。

□一日の長　×いちにちのちょう↓○いちじつのちょう

知識や技能が少しすぐれていること。一方、「一日の計」は「いちにちのけい」と読む。

□一人前　　　△ひとりまえ↓○いちにんまえ

成人の能力・資格があるという意味では、「いちにんまえ」と読む。まれに、食べ物などの一人分という意味で、「ひとりまえ」と読むこともある。

□駿馬　　　×しゅんば↓○しゅんめ

「馬」が下につくと、おおむね「ば」と読むのだが、この語は「め」と読む。

□陳者　　　×ちんしゃ↓○のぶれば

かつて、手紙の書き出しに使われた言葉。「申し上げます」という意味で、候《そうろう》文《ぶん》の手紙で、挨拶のあと、本文に入る前に用いた。

□紅のバラ　　　×べに↓○くれない

「紅」一字で登場したときは、「くれない」か「べに」と訓読みにすることが多い。バラに似合うのは、「くれない」。

□鬐長マグロ　　　　　　　　×びんちょうマグロ↓○びんながマグロ

この「鬐《びん》」は胸びれを意味し、それがひじょうに長いマグロ。

□木の実油　　　　　　　　　×このみあぶら↓○きのみあぶら

木の実を搾った油。とくに、椿油の別称。「木の実」だけなら、「このみ」とも「きのみ」とも読むが、油がつくと「きのみ」。

□手繰船　　　　　　　　　×たぐりぶね↓○てぐりぶね

手で操る舟。「手繰る」は「たぐる」と読むが、この語は「てぐり」と読む。「手繰網」は「てぐりあみ」。

□本歌　　　　　　　　　　×もとうた↓○ほんか

和歌で、本歌取りのもととなる歌。一方、替え歌のもととなる「元歌」は「もとうた」と読む。

□**万朶の桜**
数多くの花がついた枝。なお、「朶」には「えだ」という訓読みがある。

×まんだ↓○ばんだ

□**霊迎え**
先祖の霊を迎える儀式。「魂迎え」とも書く。霊送りは「たまおくり」、霊屋は「たまや」と読む。

×れいむかえ↓○たまむかえ

■文脈に応じて読み分けられますか

□**造作に凝る**
「造作《ぞうさく》」は、建物の内部の造りの総称。同じ「造作」でも、「造作をかける」（面倒をかけるという意）や「造作ない」（たやすいという意）は「ぞうさ」と読む。

×ぞうさ↓○ぞうさく

□**芥子の実**
芥子は「けし」とも「からし」とも読むが、実《み》を利用するのは「けし」。一方、
×からし↓○けし

からしは、芥子菜の種を粉にしたものであり、「芥子の粉」は「からし」と読むことになる。

□小柄を差す

×こがら→○こづか

「こづか」と読めば、細身の小刀のこと。「小柄の使い手」など。一方、「こがら」と読むと、体が小さいという意味。

□初日を拝む

×しょにち→○はつひ

「初日」は、普通は「しょにち」と読んで「大会初日」などと使うが、まれに「初日の出」という意味に使い、「はつひ」と読むことがある。「初日に手を合わせる」など。

□地下の身分

×ちか→○じげ

昔の官制で、昇殿を許されない身分。「殿上人」（昇殿を許される身分の人）の対義語。

□（焼き物の）高台

×たかだい→○こうだい

場所としての「高台」は、「たかだい」と読む。一方、焼き物の世界では「こうだい」と読み、碗の下についている台のこと。

□（釣りの）上物

×じょうもの→○うわもの

通常は「じょうもの」と読み、上級の品を意味する。ところが、釣りの世界では「うわもの」と読み、海面近くにいる魚を意味する。その対義語は「底物《そこもの》」（海底近くにいる魚）。

□薪割り

×たきぎ→○まき

薪は「たきぎ」とも「まき」とも読む。意味は、ほぼ同じで、ともに燃料にする木材のことだが、「たきぎ」は細い枝を含み、「まき」は割り木だけを意味するという多少の違いはある。「薪能」は「たきぎのう」と読み、「薪をくべる」は「たきぎ」でも「まき」でも○。

□**（夢を）抱く**

×だく↓○いだく

「抱く」は、「だく」とも「いだく」とも読み、関連する言葉に応じて読み分けることが必要。「希望を抱く」「不安を抱く」「不審を抱く」など、心理状態と関係する言葉は「いだく」と読むことが多い。「少年よ大志を抱け」も「いだけ」。

□**（手紙を）認める**

×みとめる↓○したためる

「認める」は、同じ形で「みとめる」とも「したためる」とも読む。文脈に応じて読み分ける必要があるが、文章関係の場合は、おおむね「したためる」と読む。

□**誘う**

○さそう　○いざなう

「誘う」は、同じ形で「さそう」とも「いざなう」とも読む。「夢の国へ誘う」「フランス文学の世界に誘う」など、〝格調高い世界〟に導く場合は、「いざなう」と読んだほうが雰囲気が出る。

□**堪える**　　　　　　　　　○こたえる　○こらえる　○たえる

「堪える」は、同じ形で、三通りも読み方がある厄介な言葉。たとえば、「寒さが堪える」は「こたえる」、「寒さを堪える」は「こらえる」、「寒さに堪える」は「たえる」と、読み分ける必要がある。

□**拙い**　　　　　　　　　　○まずい　○つたない

これも、同じ形で、どちらにも読む言葉。「武運拙く」は「ぶうんつたなく」と読む。「拙い文章」「拙い文字」も、「つたない」と読んだほうがしっくりくる。

■〝濁る〟かどうかが分かれ目になる漢字

□**（事務所）気付**　　　　　　△きつけ↓○きづけ

辞書では、「きづけ」を見出し語にしている。郵便物を相手の住所ではなく、勤め先などに送るときに使う語。なお、「気付薬」は「きつけ」と濁らずに読む。

□ごった返す

×ごったかえす→○ごったがえす

濁って読むのが正しい。ひじょうに混雑することで、「帰省客でごった返す」など。

□地味が肥えている

×じみ→○ちみ

土地のよしあしを意味する場合は「ちみ」（ぢみ）と読む。「地味に恵まれる」「地味がよい」など。一方、「じみ」と読むと、目立たないという意味。「地味な性格」など。

□当て推量

△あてすいりょう→○あてずいりょう

根拠もなく推し量ること。あてずっぽう。「当て推量ですが」など。

□依存

△いぞん→○いそん

放送局では、依存を「いそん」、現存を「げんそん」、既存を「きそん」、存廃を「そんぱい」と読んでいる。放送局が「いぞん」と読むのは「異存」。

□**桟敷**

×ざしき→○さじき

相撲、芝居などの見物席。「天井桟敷」など。「ざしき」と読むのは「座敷」。

□**前栽**

×ぜんさい→○せんざい

庭の植え込み。「前」を「セン」と読むのは漢音で、ゼンは呉音。今、「前」を漢音でセンと読む熟語のうち、日常使われているのは、この言葉くらい。

□**仏印**

×ぶついん→○ふついん

かつて存在したフランス領インドシナの略。今のベトナム、カンボジア、ラオスあたり。「日本軍が仏印に進駐する」など。

□**見参**

△けんざん→○げんざん

伝統的に「げんざん」と読み、辞書はこちらを見出し語にしている。「けんざん」は近年の慣用読み。意味は、高貴な人にお目にかかること、あるいは現れること。

□**平生の心がけ**　　×へいせい↓○へいぜい
ふだん。いつも。「平生よりも元気」「平生とは雰囲気が違う」など。

■日本語では珍しく「ぱ行」で読む言葉

□**何人たりとも**　　×なんひと↓○なんぴと
日本語の中では、読み方に「ぱぴぷぺぽ」が出てくる珍しい言葉。誰であっても、という意味。「何人《なんぴと》たりとも入るべからず」など。

□**(印刷の) 原版**　　×げんばん↓○げんぱん
複製のもととなる版。なお、アナログ時代の写真の「原板」は「げんばん」、レコードの「原盤」も「げんばん」と読むなど、アナログ時代は読み方も面倒だった。

□**天日**　　×てんび↓○てんぴ
たとえば、「天日干し」は「てんびぼし」ではなく、「てんぴぼし」と読む。なお、この語を「てんじつ」と読むと、「太陽」という意味になるが、今はこの読み方をすることはまずない。

□**審判**　×しんばん↓○しんぱん

物事の是非などを判定すること。「国民の審判を受ける」「行政審判」「最後の審判」は、いずれも「しんぱん」と読む。

■訓読みにするか、音読みにするか①

□**私する**　×しする↓○わたくしする

「資する」や「死する」などで、「しする」という音が耳になじんでいるためか、「しする」と誤読しやすい言葉。

□**軽々に**　×かるがるに↓○けいけいに

軽率なさま。「軽々には判断できない」のように否定形で使うことが多い。「軽々と（かるがると）」（たやすいという意）とは、助詞一つで読み方も意味も変わるので注意。

□先を越す　○さきをこす　○せんをこす

こちらが相手に先んじるときは「せんを越す」。相手に先んじられるときは「さきを越される」と読むことが多い。

□質が悪い　○たち　○しつ

「たちが悪い」と読めば、性格が悪いこと。「しつが悪い」と読めば、品質が劣ること。

□追い銭　×おいぜに→○おいせん

「盗人に追い銭」ということわざも、「おいせん」と読む。一度支払ったうえ、さらに支払う金のこと。

□早々に退散する×はやばやに↓○そうそうに

一方、「早々と来たね」は「はやばや」と読む。

□（土地の）地力が増す

「地力」は、土壌がもつ農作物を育てる力のこと。「畑の地力を高める」などと使う。一方、人の実力という意味で使うときは「じりき」と読み、「地力を発揮する」など。

×じりき↓○ちりょく

□小雨決行

「こさめけっこう」と読むのは間違いなのだが、そのほうが、意味がわかりやすいためか、意外とそう読む人が多い言葉。雨が降っても、小雨なら野外行事などを予定どおり行うという意味。

×こさめけっこう↓○しょううけっこう

□（設計図の）下図

「下書きの図」という意味の場合は「したず」と読む。一方、「下に示した図」は

×かず↓○したず

「かず」と読む。「下図《したず》を作ってみました」「下図《かず》をご覧ください」などと読み分ける。

□（奇妙な）出立　×しゅったつ↓○いでたち

○は、身なり、装いのこと。「出立」と書くと、「しゅったつ」（出かけること）とも読み、誤読を誘いやすいため、「出で立ち」と書くことが多くなっている。

□後詰め　×あとづめ↓○ごづめ

控えの軍。予備軍。「後詰めの戦力」「後詰めの兵」「後詰めをつかまつる」などと使う。「後攻め」は「あとぜめ」と読む。

□後先　×ごせん↓○あとさき

前と後ろ。「後先を考えない」など。なお、囲碁の「互先」は「たがいせん」と読む。

□**後作**

×ごさく↓○あとさく

主要な作物を収穫した後の土地で、他の作物を栽培すること。対義語の「前作」は「ぜんさく」と読むのだが、「後作」は湯桶読みにする。

□**業腹**

×ごうふく↓○ごうはら

ひじょうに腹が立つこと。地獄の火（業火）が腹の中で煮えくり返るようという意味。「ごうふく」と読むのは「剛腹」で、意味は太っ腹なこと。

■訓読みにするか、音読みにするか②

□**量目**

×りょうもく↓○りょうめ

秤《はかり》にかけて量った重さのことで、重箱読みにする。「量目《りょうめ》が足りない」など。

□**村の長**

×ちょう↓○おさ

人の上に立つ者のことは「ちょう」とも「おさ」ともいうが、「村の～」というときは「おさ」と読んだほうが、しっくりくる。一方、「組織の長」や「人の長たる器」などは「ちょう」と読む。「一族の長」は、「おさ」か「ちょう」か微妙なところ。

□路肩

×ろけん↓○ろかた

道のへり。「路肩注意」「路肩に乗り上げる」など。

□異にする

×いにする↓○ことにする

「〜が違っている」という意味。「意見を異にする」「趣を異にする」「性格を異にする」などと使う。

□上司の命

×いのち↓○めい

命令という意味の「命」は「めい」と読む。成句では、「命に背く」「命を帯びる」「命は天にあり」（この命は天命という意味）などは、「めい」と読む。

□**荒業**

×あらぎょう→○あらわざ

荒々しい仕事、力仕事という意味。一方、「荒技」（あらわざ）と書くと、武術などの荒々しい技。また、「あらぎょう」と読むのは「荒行」で、修験者などが行う厳しい修行のこと。

□**刃傷**

×かたなきず→○にんじょう

「刀傷《かたなきず》」は柱につけることもあるが、刃傷は人間限定の言葉で、刃物で人を傷つけること。「刃傷に及ぶ」「刃傷沙汰」「刃傷松の廊下」などと使う。

□**鈍色**

×どんしょく→○にびいろ

一般的には、薄墨色（濃いめの鼠色）を指す。ところが、他の色を意味する場合もあり、藍色がかった薄い黒や、青と紅が混ざった色、白濁色を指すこともある。

□**学舎**

△がくしゃ→○まなびや

一般的には「まなびや」と読む。「がくしゃ」とも読むが、そう打っても「学舎」

と変換されないワープロソフトもある。学問をする場所のこと。

□**大寒**　×たいかん↓○だいかん

二十四節気の一つ。例年1月20日ごろで、寒さが最も厳しい時期。なお、小寒は1月5日ごろ。

□**頌春**　×こうしゅん↓○しょうしゅん

新春をたたえること。年賀状に使う言葉で「賀春」と同じ意味。「頌」には「ことほぐ」という意味がある。「頌える」で「たたえる」と読む。

■訓読みにするか、音読みにするか③

□**徒情**　×とじょう↓○あだなさけ

「徒」には、むだという意味があり、この意味の場合は、「徒花」などと同様、「あだ」と読む。むだな情け心、むなしい恋のこと。「徒情をかけるものじゃないよ」などと使う。

□終値　×しゅうね↓○おわりね

株価などのその日の最後についた値段のこと。一方、その日、最初についた値段の「始値」は「はじめね」と読む。

□渡船　×わたしぶね↓○とせん

「渡し船」と書くと、「わたしぶね」と読む。「渡船に乗る」「渡し船に乗る」などと使うが、「し」をはさむかどうかで、読み方が変わるので注意。

□大桟橋　×だいさんばし↓○おおさんばし

普通名詞としては、大きな船着場という意味だが、通常は横浜港の大桟橋を指す。

□帯封　×たいふう↓○おびふう

帯状の紙で封をすること。「札束を帯封する」「新聞を帯封にして送る」など。なお、「帯状」も「おびじょう」と湯桶読みにする。

□**彼岸《ひがん》の中日**　×なかび→○ちゅうにち

お彼岸の真ん中の日は、「ちゅうにち」と読む。一方、芝居や相撲の興行期間の真ん中の日は「なかび」と読む。「(大相撲が)中日を迎える」など。

□**飲代**　△のみだい→○のみしろ

酒の飲み代のこと。「代」には「ある物の〝代わり〟として出される金銭や品物」という意味がある。

□**左の通り**　×ひだり→○さ

縦書きの文書で、左の方、つまりは次の行に書いてある事柄。「結果は左のとおり」などと使う。

■いい大人も誤読する熟語①

□言質　×げんしつ↓○げんち

あとで証拠になるような言葉。「言質をとられる」「言質を与える」など。

□思惑　×しわく↓○おもわく

この言葉は、動詞の「思う」がク語法によって名詞化したもの。「思惑」と書くのは当て字なので、近年は「おもわく」と書くことが増えている。

□帳合　×ちょうごう↓○ちょうあい

帳簿を在庫などと照らし合わせること。「帳合をとる」など。

□嗅覚　×しゅうかく↓○きゅうかく

「臭覚」は「しゅうかく」と読むが、放送局などでは「嗅覚」を使うようにしている。においを感じる知覚のこと。

□悪行

○あくぎょう　○あっこう

「あくぎょう」と読むことが多く、ただの悪事ではなく、人の道に外れた行いを意味する。「悪行三昧《ざんまい》」「悪行の限りを尽くす」など。なお、「悪業」は「あくぎょう」とも「あくごう」とも読む。

□直截

×ちょくさい（慣用読み）↓○ちょくせつ

まわりくどくないことという意味で、「直截な表現」「直截な処置」などと使う。「ちょくさい」は慣用読み。「截」には「きる」「たつ」という訓読みがある。

□伝播

×でんぱん（慣用読み）↓○でんぱ

広く伝わること。「文化が伝播する」など。「播」の音読みは、播種などの「は」で、「ぱ」はその音転。ちなみに、旧国名の「播磨国」は「はりまのくに」、その別名の「播州」は「ばんしゅう」と読む。

□夭折

×ようせい↓○ようせつ

若くして亡くなること。同じ意味の「夭逝《ようせい》」と混同しないように。「夭」には、これ一字で「わかじに」と読む訓読みがある。

□絶佳

×ぜっけい↓○ぜっか

「眺望絶佳」「風光絶佳」などの形で、不動産広告や観光案内で見かける言葉。ひじょうにすぐれているという意味。「絶景」と混同して「ぜっけい」と読まないように。

□行跡

×こうせき↓○ぎょうせき

日頃の行い、身持ちのこと。同じ読み方をする「業績」はポジティブなこと、一方、「行跡」はネガティブなことに使うことが多い。「日頃の不行跡がたたる」など。

□**失跡**　×しっそう↓○しっせき
同じ意味の「失踪」と見間違えないように。失跡も失踪も、行方をくらますこと。

■いい大人も誤読する熟語②

□**元本**　×げんぽん↓○がんぽん
もとでのことで、「元本保証の金融商品」などと使う。「げんぽん」と読むのは「原本」で、写しをとるもとの文書や、翻訳するもとの本などを意味する。

□**元利**　×げんり↓○がんり
これも、「がん」と読む。元金《がんきん》と利息のこと。

□**漸次**　×ざんじ↓○ぜんじ
「ぜんじ」と「ざんじ」は、書いても読んでも間違いやすい組合わせ。まず、「漸《ぜん》次《じ》」は、しだいにという意味で、「漸次、解決に向かっている」など。一方、「暫《ざん》時《じ》」は、少しの間、しばらくという意味で、「暫時休憩」「暫時お待ち願います」などと使う。難しいうえ、間違いやすいので、それぞれ「しだいに」「しばらくの間」などと言い換えるのが得策。

□**矜持**　×きんじ→○きょうじ

「矜持を保つ」「矜持を傷つけられる」などと使い、自負、プライドのこと。「矜」の旁《つくり》につられて、「きんじ」と読まないように。

□**懸想**　×けんそう→○けそう

想いを懸けることで、思い慕うという意味。「ひそかに懸想する」など。

□**喧伝**　×せんでん→○けんでん

「宣伝」と見間違えないように。「喧伝」は、言いはやして、世間に知らせること。「世間に喧伝された話」など。「喧しい」で「かまびすしい」と読む。

□脆弱
×きじゃく↓○ぜいじゃく

「脆」の旁につられて「き」と読まないように。「脆弱」は、もろくてよわいこと。「脆い」で「もろい」とも「よわい」とも読む。

□合評
×ごうひょう↓○がっぴょう

合奏、合唱、合宿など、複数の人間が集まって物事を行う場合は、「がっ〜」と読むことが多い。「合評」は、何人かで批評し合うことで、「合評会」などと使う。

■いい大人も誤読する熟語③

□反駁
×はんぱく↓○はんばく

「はんぱく」と読む人がいるのは、似た意味の「反発」につられてのことか。しかし、「駁」に「ぱく」という読み方はなく、論駁は「ろんばく」、弁駁は「べんばく」と読む。反駁は、反論すること。

□残滓　×ざんさい→○ざんし

「ざんさい」と読む人が増え、慣用読みに近づいているが、依然、誤読と感じる人もいるので、「ざんし」と正しく読みたい。意味は残りかすで「旧体制の残滓」などと使う。

□論客　△ろんかく→○ろんきゃく

「客」は、「きゃく」「かく」のいずれで読んでもOKの言葉であるが、「論客」は「ろんきゃく」と読むのが一般的。辞書は「ろんきゃく」を見出し語にしているし、放送局でも「ろんきゃく」と読んでいる。弁の立つ人のこと。

□侠客　×きょうきゃく→○きょうかく

「論客」とは反対に、この語は「かく」と読む。任侠を旨とする渡世人のこと。

□手綱　×てづな→○たづな

馬を操る綱のこと。比喩的に、人の行動に枠をはめる意味に使い、「手綱を取る」

「手綱をゆるめる」など。

□**幾歳**　×いくとし→○いくとせ

「いくとし」と打っても、正しく変換されないはず。数年、長い年月という意味で、「幾年」とも書く。「思えば幾歳過ぎた」など。

□**極右**　×ごくう→○きょくう

「極」は、「きょく」とも「ごく」とも読むが、極右は「きょくう」、極左は「きょくさ」と読む。極端に右翼的（左翼的）な思想や団体のこと。一方、極暑は「ごくしょ」、極寒は「ごっかん」と読む。極超音波や極超短波も「ごく」と読む。

□**労組**　×ろうくみ→○ろうそ

労働組合の略。俗語的に「ろうくみ」と読む場合もあるが、軽く扱うニュアンスを含むので、避けたほうがいい。

□贈賄

×ぞうあい→○ぞうわい

「ぞうわい」と読むことは知っていても、口語では「ぞーあい」と発音している人が多い言葉。賄賂をおくること。「収賄」も、口語では「しゅーあい」になりやすい。

□地雨

×じう→○じあめ

一定の強さで、長く降り続く雨。「じう」と読むのは「慈雨」で、「干天の慈雨」など。「じう」と誤読されがちな「時雨」は「しぐれ」と読む。

□堰堤

×せきてい→○えんてい

「堰」は「せき」と読むことが多いが、この熟語では「えん」と音読みにする。「せき」は音読みのようだが、じつは訓読み。

□川岸

×かし→○かわぎし

「河岸」は「かし」とも「かわぎし」とも読むが、「川岸」は「かわぎし」と読む。

■いい大人も誤読する熟語④

□**大家（の出身）**　△たいか↓○たいけ

資産家、名家という意味のときは「たいけ」と読む。一方、「たいか」と読むと、その道の大御所のこと。「書道の大家」など。

□**（鉱山の）切羽**　×せっぱ↓○きりは

鉱山で採掘作業を行う場所という意味のときは「きりは」と読む。一方、「切羽詰まる」は「せっぱ」。

□**彩色**　×さいしょく↓○さいしき

色付けすること。「彩色を施す」「赤を基調とした彩色」など。「才色《さいしょく》」という言葉があるためか、「さいしょく」と誤読しやすい。

□**逼塞**

×へいそく→○ひっそく

姿を隠し、引きこもること。「郷里に逼塞する」などと使い、「落ちぶれて」というニュアンスを含む。「閉塞」と見間違えないように。

□**野天**

×のだて→○のてん

なまじ、「野点」を「のだて」と読むことを知っていると、勘違いして、この語を「のだて」と読んだりしがち。屋根のない場所のこと。

□**為人**

×ためと→○ひととなり

漢文のように返り点があると思って、「人→為」の順に読む。人格・性質のこと。今は「人となり」と書くのが普通。

□**為体**

×ためからだ→○ていたらく

これも漢文風に読むが、今は「体たらく」と書くのが普通。体裁、様子のこと。

□**修祓**
×しゅうばつ→○しゅうふつ
御祓いをすることで、今も神社で「修祓料○○円」の形で見かける言葉。「祓」の音読みは「ふつ」か「はい」で、この語の場合は「ふつ」。

□**尻腰**
×しりこし→○しっこし
「しりこし」の転で、「しっこし」と読む。「尻腰がない」というと、度胸や意気地がない、あるいは根気がないさまという意味になる。

■いい大人も誤読する熟語⑤

□**入魂の間柄**
×にゅうこん→○じっこん
親しいさま。「昵懇」とも書く。なお、「入魂の作」は「にゅうこん」と読む。

□**性悪説**
×しょうあくせつ→○せいあくせつ
人間の本質的な性格は、悪であるという説。単に「性悪」は「しょうわる」と読む。

□**嫡出子**　×てきしゅつし↓○ちゃくしゅつし

婚姻関係にある男女から生まれた子供。摘出《てきしゅつ》と混同しないように。

□**稲妻**　×いなづま↓○いなずま

これは、ひらがなの使い方の問題。妻は「つま」だが、「稲妻」の場合は、すでに妻という意味を失っていると考えられるので、「ずま」と書く。「いなづま」と打っても変換されないはず。

□**雑排水**　△ざっぱいすい↓○ざつはいすい

もとは「ざつはいすい」と読むが、近年は「ざっぱいすい」と読む人が増えている。家庭から出る汚水のこと。

□**強談判**　×つよだんぱん↓○こわだんぱん

「強」を「こわ」と読む言葉には、ご飯が強《こわ》い、情が強《こわ》い、手強《てごわ》い、強面《こわもて》などがある。また、無理強いは「むりじい」、強いるは「しいる」と読む。見出し語の強談判は、強い態度で交渉にのぞむこと。

□暴発　×ばくはつ↓○ぼうはつ

「爆発」と見間違えないように。事件などが突然起こることで、「怒りが暴発する」など。

□短冊　×たんさつ↓○たんざく

俳句や短歌などを書くための細長い厚紙。「さく（ざく）」が漢音で、「さつ」のほうが慣用読み。

□丹塗り　×たんぬり↓○にぬり

「丹《に》」には、赤く塗ること、赤く塗ったもの、赤色の土という意味があり、「丹塗りの杯」「丹塗りの柱」などと使う。

□**登竜門**

×とりゅうもん→○とうりゅうもん

登竜門は立身出世のための関門のこと。中国黄河の急流「竜門」を登った鯉は竜になるという伝説をもとにした言葉。

□**云々**

×でんでん→○うんぬん

一言では言い切れない事柄を省略するときに使う言葉。「結果を云々する」など。

□**渇仰**

×かつぎょう→○かつごう

人の徳などを仰ぎ慕うことを、のどが渇くことにたとえた言葉。「仰」は「ぎょう」と読むことが圧倒的に多いが、この言葉は「ごう」と読む。

■意外と読めない動詞・形容詞・副詞

□**軽んじる**

×かるんじる→○かろんじる

軽く扱うという意味。「国会を軽んじる」など。

□**愛しい**　×いとおしい↓○いとしい

「いとおしい」と読むのは「愛おしい」。「愛しい」も意味は同じだが、読み方には注意。

□**（喉に）支える**　×ささえる↓○つかえる

「支える」は、おおむね「ささえる」と読むのだが、まれに「つかえる」と読む場合がある。

□**押し並べて**　×おしならべて↓○おしなべて

概して、大体において。「並《な》べて」だけでも、ほぼ同じ意味。

□**築く**　×きづく↓○きずく

「ず」と「づ」では、原則として「ず」を使うという現代仮名遣いの本則に従って、「きずく」と書く。

□**気付く**

これは、まだ「付く」という意味合いが残っているので、ひらがなでは「きづく」と書く。

×きずく→○きづく

□**傾ぐ**

「傾《かたむ》く」と見間違えないように。斜めになることで、「首を傾げる」「軒が傾ぐ」「船が傾ぐ」などは、「かしぐ」を使う。

○かしぐ

□**降る**

「降りる」は「おりる」、「降る」は「ふる」と読む。見間違えないように。

×おりる→○ふる

□**治る**

「治まる」は「おさまる」、「治る」は「なおる」と読む。

×おさまる→○なおる

□熱っぽく

×あつっぽく↓○ねつっぽく

「熱い」は「あつい」と読むが、それにつられないように。熱情のこもったさまで、発熱している感じがあるときにも使う。「熱っぽく語る」「少し熱っぽいね」など。

□きめ細か

×きめこまやか↓○きめこまか

「細か」は「こまか」、「細やか」は「こまやか」と読む。

□栄えある

×さかえある↓○はえある

立派なこと。「栄《は》えある優勝をなし遂げる」。繁栄を意味する「栄《さか》え」とは、書き方は同じだが、意味は違う言葉。

□生っ白い

×なまじろい↓○なまっちろい

やけにしろいこと。「なまじろい」と読むときは「生白い」。「っ」を見落とさないように。また、「白茶ける」は「しろちゃける」ではなく、「しらちゃける」と読む。

□生温い　×なまあたたかい↓○なまぬるい

冷たくもなく、温かくもないさま。手ぬるいという意味にも使う。「生温い対応」など。なお、「生暖かい」は「なまあたたかい」と読む。

□奇しくも　×きしくも↓○くしくも

不思議にも。偶然にも。「奇しくも一命をとりとめる」「奇しくも一致する」など。

□小賢しい　×こさかしい↓○こざかしい

利口ぶって生意気なさまで、濁って読む。「賢しい」だけなら、「さかしい」と濁らずに読む。

▼ちょっとむずかしい動詞・形容詞、読めますか――COLUMN

気圧される　×きおされる→○けおされる　「気押される」とも書く。
浸る　×つかる→○ひたる　「浸かる」は「つかる」と読む。
味気ない　△あじきない→○あじけない　「味気」と書くのは当て字。
気色ばむ　×きしょくばむ→○けしきばむ　「気色悪い」は「きしょく」と読む。
清々しい　×せいせいしい→○すがすがしい　爽やかで気持ちがいいこと。
思し召す　×おもしめす→○おぼしめす　「おもほしめす」の転で、「思う」の尊敬語。
封ずる　×ふうずる→○ほうずる　領地を与える、安堵する。
若気る　×わかげる→○にやける　男が着飾ったり、化粧するさま。「若気た若者」など。
手折る　×ておる→○たおる　木の枝などを折ること。「桜の枝を手折る」など。
慮る　×おもんばかる→○おもんぱかる　思いをめぐらすこと。
過る　×すぎる→○よぎる　「すぎる」と読むのは「過ぎる」。
香しい　×こうばしい→○かんばしい　香りがいい。なお「香ばしい」は「こうばしい」。
神々しい　×かみがみしい→○こうごうしい　ひじょうに厳かなさま。

▼「だい」か「おお」か、それが問題です——COLUMN

大舞台　×だいぶたい↓○おおぶたい　「大舞台にのぼる」など。

大歌舞伎　×だいかぶき↓○おおかぶき　「新春大歌舞伎」など。

大師匠　×だいししょう↓○おおししょう　師匠のそのまた師匠のこと。

大勝負　×だいしょうぶ↓○おおしょうぶ　「大勝負に挑む」など。

大震災　×おおしんさい↓○だいしんさい　大地震は「おおじしん」と読む。

大火事　×だいかじ↓○おおかじ　「大火事に見舞われる」など。

大看板　×だいかんばん↓○おおかんばん　「一座の大看板」など。

大時代　×だいじだい↓○おおじだい　「大時代的な芝居」など。

大所帯　×だいじょたい↓○おおじょたい　「大所帯を構える」など。

大店　×おおみせ↓○おおだな　大きな店。「大店の主人」など。

大芝居　×だいしばい↓○おおしばい　「大芝居を打つ」など。

大規模　×おおきぼ↓○だいきぼ　「大規模工事」など。

大手を振る　×おおて↓○おおで　「大手企業」は「おおて」と読む。

大勢を占める　×おおぜい↓○たいせい　大勢を「おおぜい」と読むと、大人数のこと。

▼もっとも簡単な漢字「一」を読みこなせますか――COLUMN

初一念　×はついちねん↓○しょいちねん　最初に決めた覚悟。「初一念を貫く」など。

一角の人物　×いっかく↓○ひとかど　他よりもすぐれていること。「一廉」とも書く。

（幅は）一間　×ひとま↓○いっけん　「間」は、尺貫法では約182センチ。

一見の客　×いっけん↓○いちげん　「ちょっと見る」という意味の場合、「いっけん」と読む。

衰退の一途　×いちず↓○いっと　「一途な思い」は「いちず」。

一口の刀　×ひとくち↓○ひとふり　「一口で食う」は「ひとくち」。

一献傾ける　×いっけん↓○いっこん　酒を飲むこと。「一献」は、一杯の酒という意味。

一時も忘れない×いちじ↓○いっとき　しばしも忘れない。

志を一にする×いち↓○いつ　「一にかかって」も「いつ」と読む。

一場の夢　×いちば↓○いちじょう　つかのまの夢。はかないこと。

一足飛び　×ひとあし↓○いっそく　順序を踏まずに飛び越えること。

一物　×いちぶつ↓○いちもつ　「腹に一物」など。

一幕　×いちまく↓○ひとまく　歌舞伎の一場面。「一幕物」など。

▼この数字を読みこなせますか——COLUMN

三社祭　×さんしゃまつり↓○さんじゃまつり　東京・浅草神社の祭り。

お三時　×おさんじ↓○おやつ　「お八つ」とも書く。

四神　×ししん↓○しじん　東西南北をつかさどる神。青龍、白虎、朱雀《すざく》、玄武。

四高　×よんこう↓○しこう　旧制第四高等学校（金沢市）のこと。「七高」はしちこう。

六国史　×ろっこくし↓○りっこくし　『日本書紀』、『続日本紀《しょくにほんぎ》』などの六冊の歴史書。

七分づき　×ななぶ↓○しちぶ　玄米をつき、七割ほど薄皮をとった状態。

七転び八起き　×しちころびやおき↓○ななころびやおき

五色揚げ　×ごしょくあげ↓○ごしきあげ　色とりどりの揚げ物。

2　これを知っているかどうかで教養が試される

■「歴史」に関係している漢字

□源氏の白旗

×しろはた↓○しらはた

「白旗」は、一般的には「しろはた」とも読むが、「源氏の白旗」という場合は「しらはた」と読むのが、昔からのお約束。

□将門記

×まさかどき↓○しょうもんき

平安中期の軍記物。「平将門の乱」について記し、軍記物語の先駆けとなった作品。「まさかどき」と読まないように。

□律令《りつりょう》格式　　×かくしき↓○きゃくしき

「格式」は、今は「かくしき」と読むことが多いが、律令に続く場合は「きゃくしき」と読む。「律令格式」は、古代の法律・制度の総称。「格《きゃく》」は律令に追加・修正する法、「式」は施行に関する細則のこと。

□田畑永代売買禁止令《えいたいばいばいきんしれい》　　×でんばた↓○でんぱた

江戸時代、幕府が田畑の永代売買を禁じた法令。

□太陰暦　　×だいいんれき↓○たいいんれき

月の満ち欠けを基準にする暦。日本の江戸時代までの暦（旧暦）は、単純な太陰暦ではなく、太陰太陽暦。

□白氏文集　　×はくしぶんしゅう↓○はくしもんじゅう

中国の白居易の詩文集。

□両界曼荼羅

×りょうかいまんだら→○りょうがいまんだら

真言密教の世界観を示す図で、「両界」とは金剛界と胎蔵界のこと。「りょうがい」と濁って読むのが正しい。

□聖観音

×せいかんのん→○しょうかんのん

さまざまな姿に変化する観音菩薩の本来の姿。

□正法眼蔵

×しょうほうげんぞう→○しょうぼうげんぞう

曹洞宗の開祖、道元の著した法語集。

□関西学院大学

×かんさい→○かんせい

同じく、関西六大学の関西大学は「かんさいだいがく」と読む。「西」を「さい」と読むのは、仏教語に多い呉音。ミッションスクールの関西学院大学はそれを嫌って、「かんせい」と読むことにしたといわれる。

□沙羅双樹　×しゃらそうじゅ→○さらそうじゅ

インド原産の樹木。釈迦の病床の四方に生えていたとされる樹木。『平家物語』の冒頭の一節にも登場する。

□野馬追　×のうまおい→○のまおい

福島県相馬地方の伝統行事。

□安来節　×やすきぶし→○やすぎぶし

島根県の安来地方の民謡。いわゆる、「どじょうすくい」。

■「四字熟語」の読み間違いポイント①

□一言一句　×いちげんいっく→○いちごんいっく

ほんのひとこと。「一言一句も弁解しない」など。「一言《いちごん》半《はん》句《く》」という言葉もある。

□一朝一夕　×いっちょういちゆう→○いっちょういっせき
一朝か一晩のうちに。きわめて短い時間という意味。「一朝一夕には解決しない」などと、「そんな短時間では無理」という意味で、用いることが多い。

□永字八法　×えいじはちほう→○えいじはっぽう
すべての字の書き方は、「永」一字に含まれているという考え。

□画竜点睛　×がりゅうてんせい→○がりょうてんせい
おもに「画竜点睛を欠く」の形で用い、最後の仕上げを欠くこと。なお、「睛」はひとみのことで、「晴」とは違う漢字なので注意。

□侃々諤々　×けんけんがくがく→○かんかんがくがく
盛んに議論するさま。混同しやすい「喧々囂々」は「けんけんごうごう」と読み、多くの人が騒ぎ立てるさま。「けんけんがくがく」という言葉はない。

□**九寸五分**

×きゅうすんごぶ→○くすんごぶ

短刀のこと。長さがおおむね九寸五分（約30センチ）であることから。女性が懐剣にしたり、切腹用の刀（腹切り刀）として使った。

□**三拝九拝**

×さんぱいくはい→○さんぱいきゅうはい

こちらは、「きゅう」と読む。人にものを頼むときなどに、何度も頭を下げること。「三拝九拝して頼む」など。

□**二男二女**

×じなんじじょ→○になんにじょ

息子が二人、娘が二人いること。「二男二女に恵まれ」など。

□**順風満帆**

×じゅんぷうまんぽ→○じゅんぷうまんぱん

物事がうまく進む様子。追い風を帆にはらんだ船が順調に進むことから。「順風満帆の人生」など。

□処々方々　×しょしょほうほう↓○しょしょほうぼう

いたるところあちらこちら。「処々方々走り回って探す」など。「所々方々」とも書く。

□時々刻々　△じじこくこく↓○じじこっこく

時とともに、次々と。「報道内容が時々刻々と変化する」など。放送局では、○のように読んでいる。

□盛者必衰　×しょうじゃひっすい↓○じょうしゃひっすい

栄えたものはいつかは衰えること。意味の似た言葉の「生者必滅」は「しょうじゃひつめつ」と読む。

□生々流転　△せいせいるてん↓○しょうじょうるてん

万物は生死を繰り返し、変化し続けること。「せいせい」と読む人が多いが、仏教語であり、本来は「しょうじょう」と読む。

■「四字熟語」の読み間違いポイント②

□**人事不省**　　×じんじふしょう↓○じんじふせい

意識を失って、昏睡状態に陥ることをいう。「事故にあって、人事不省に陥った」など。

□**千変万化**　　×せんへんばんか↓○せんぺんばんか

さまざまに変化すること。「せんぺん」と読むのは許容範囲だが、「せんへん」は×。また、「千編一律」（変わりばえしないさま）も「せんぺん」と読む。

□**在郷軍人**　　×ざいきょうぐんじん↓○ざいごうぐんじん

退役し、郷里にいる元軍人。「在郷」二文字の場合は「ざいきょう」とも読むが、「在郷軍人」は「ざいごう」と読む。

□**大兵肥満**
×だいへいひまん→○だいひょうひまん
体が大きく、太っていること。「大兵」の対義語は「小兵《こひょう》力士」などに使う「小兵」。ともに、「兵隊」という意味はない。

□**知行合一**
×ちぎょうごういつ→○ちこうごういつ
知識は実践して使わなければならないという意味。儒教の陽明学の学説。なお、武士の石高を表す「知行」は「ちぎょう」と読む。

□**二人羽織**
×ふたりばおり→○ににんばおり
二人組で羽織を使ってする芸。

□**腹八分目**
×はらはちぶめ→○はらはちぶんめ
腹いっぱい食べずに、少し控えめにすること。なお「腹八分」は「はらはちぶ」と読む。

□**般若心経**　×はんにゃしんきょう↓○はんにゃしんぎょう
大乗仏教の経典の一つ。一般に、276字の漢訳版で知られる。

■「四字熟語」の読み間違いポイント③

□**百鬼夜行**　△ひゃっきやこう↓○ひゃっきやぎょう
さまざまな妖怪が夜中に歩き回ること。そこから、多くの者が悪事を働くさま。多くの辞書は「やぎょう」を見出し語にし、放送局も「やぎょう」と読んでいる。

□**文人墨客**　△ぶんじんぼっきゃく↓○ぶんじんぼっかく
絵や書などに秀でている人々。「ぼっかく」を見出し語にしている辞書が多い。

□**文章博士**　×ぶんしょうはかせ↓○もんじょうはかせ
奈良時代の大学寮の教授。

□**有職故実**
×ゆうしょくこじつ→○ゆうそくこじつ
公家などに伝わる古来のしきたり。「有職故実に詳しい」など。なお、「有識者」は「ゆうしきしゃ」と読む。

□**希有元素**
×けうげんそ→○きゆうげんそ
希少な元素。「希元素」ともいう。「希有」はふつう「けう」と読むが、この語は「きゆう」と読む。

□**肉食妻帯**
×にくしょくさいたい→○にくじきさいたい
獣肉を食べ、妻をめとること。仏教の禁忌であり、仏教語では「肉食」を「にくじき」と読む。

□**多士済済**
×たしさいさい→○たしせいせい
すぐれた人物が多く集まっている様子。「たしさいさい」は間違いで、「たしせいせい」が正しい。

■「慣用句」の読み間違いポイント

□**多言を弄する**
×たごん↓○たげん
ぺらぺらよくしゃべること。なお、「他言は無用」の場合は「たげん」ではなく「たごん」と読む。

□**黙りを決め込む**
×だまり↓○だんまり
意図的に、何も言わないこと。「黙り戦術」「黙り屋」も「だんまり」と読む。一方、「黙り込む」は「だまりこむ」。

□**天馬空《くう》をゆく**
×てんま↓○てんば
天馬が空を自由にかけるように、行動が何事にもとらわれないさまで、「てんば」と読む。一方、「伝馬」と「天満」（地名・人名）は「てんま」と読む。

□獣食った報い

×けもの↓○しし

悪事を犯したがために受ける報い。「猪食った報い」「鹿食った報い」と書いて、同じく「ししくったむくい」と読むことはあるが、「獅子」と書くのは×。

□喪家の狗

×そうけのいぬ↓○そうかのいぬ

喪中の家で、餌を与えられず、元気をなくした犬。そこから、やつれて元気のない人の形容に使う言葉。「まるで喪家の狗のように、しょぼくれている」など。

□手練の早業

×てれん↓○しゅれん

熟達した手際。手練を単独で使う場合は「しゅれん」と読むことが多く、手練手管は「てれんてくだ」、手練れは「てだれ」と読む。

□有為の士

×うい↓○ゆうい

「有為《ゆうい》」は、才能があって役に立つこと。一方、仏教語としては「有為」を「うい」と読み、永続しない現象を意味する。「有為《うい》転変」など。

□**天二物を与えず**　×てん、にもつをあたえず→○てん、にぶつをあたえず

天は一人の人間に二つの才能や長所を与えないという意味。

□**極印を押す**　×きょくいん→○ごくいん

確かに、そうであると決めつけること。「極印」は、金貨などに、偽造防止のために刻んだ印のこと。

□**胆斗の如し**　×たんとのごとし→○たん、とのごとし

胆力が大きいこと。胆が一斗升のように大きいという意味で、〝胆斗〟という熟語があるわけではない。

□**一丁字なし**　×いっちょうじなし→○いっていじなし

一つの文字も読めないこと。「目に一丁字なし」など。

■正直に読むとバツになる「慣用句」

□煙に巻く　×けむりにまく↓◯けむにまく

慣用句では、「けむ」と読む。一方、本当に火事に遭って、煙に巻かれたときは「けむり」と読む。

□朱に染まる　×しゅ↓◯あけ

血で赤く染まること。一方、「朱を入れる」（赤字で文章を直す）は、「しゅ」と読む。

□株を守る　×かぶをまもる↓◯くいぜをまもる

「くいぜ」は切り株のことで、古くからの習わしにこだわり、融通がきかないことのたとえ。切り株にぶつかって死んだ兎を手に入れた農夫が、その後、切り株を見張りつづけたという話に由来する成句。

□正直《しょうじき》の頭に神宿《かみやど》る

×あたま↓○こうべ

「頭」は、成句によって、「あたま」「ず」「かしら」など、いろいろな読み方をする。このことわざの場合は「こうべ」。

□金《かね》が敵

×てき↓○かたき

この世の中は、金銭のために、災いを受けたり、身を滅ぼすことが多いという意味。「金が敵の世の中」など。

□国家存亡《こっかそんぼう》の秋

×あき↓○とき

「秋」を「とき」と読むときには、重要なことがある時期というニュアンスを含む。

□蒲柳の質

×ほりゅうのたち↓○ほりゅうのしつ

「蒲柳」はカワヤナギのことで、病弱な体質を意味する。「蒲柳の質」は「質」を「しつ」と読むが、「風邪をひきやすい質」や「涙もろい質」などは「たち」と読む。

□郷《ごう》に入っては郷に従《したが》え

×はいっては↓○いっては

成句では、「入る」を「はいる」ではなく、「いる」と読むことが多い。

□頤を解く

×あごをとく↓○おとがいをとく

顎がはずれるほど、大口で笑うこと。感激のあまり、開いた口が塞がらないこと。頤は下顎のこと。

□開いた口が塞《ふさ》がらない

×ひらいた↓○あいた

「開いた口が塞がらない」と書くが、この「開いた」を「ひらいた」と誤読しないように。意味は、呆れて物が言えないさま。

□体をかわす

×からだ↓○たい

向きを変えてよけること。相撲の「死に体」など、体勢や姿勢には「たい」を使う。

■どっちで読むか迷ってしまう「慣用句」

□**我を通す**　×われをとおす→○がをとおす

自分の考えを押し通す。「我が強い」「我を張る」も「が」と読む。

□**黒白を争う**　×くろしろ→○こくびゃく

事の是非を明確にするという意味。「白黒《しろくろ》」は訓読み、「黒白」は音読みと覚えておくといい。

□**思い邪なし**　×おもいじゃなし→○おもいよこしまなし

孔子が『詩経』を論じた言葉に由来し、心の中に邪念がないさま。

□**諸訳に通じる**　×しょやく→○しょわけ

細々とした事情に通じること。とくに、男女の機微や遊里のしきたりや作法に通じること。

□**命旦夕に迫る**

×いのち、たんせきにせまる↓○めい、たんせきにせまる

死が迫るさま。「めい、たんせきにせまる」と区切って読む。「旦夕」の「旦」は朝という意味で、「旦夕」は今夕か明朝かというほどに、事態が切迫していることを意味する。

□**蛇穴に入る**

×じゃけつにはいる↓○へび、あなにいる

秋の季語。「へび、あなにいる」と区切るようにして読むのが、お約束。

□**大義親を滅す**

×たいぎ、おやをめっす↓○たいぎ、しんをめっす

大義をなすためには、肉親の情にとらわれてはいけないという意味。

□**心底を見透かされる**

×しんそこ↓○しんてい

心の奥底を見抜かれること。「心底《しんてい》を見抜く」ともいう。一方、「心底嫌になる」

（つくづく嫌になるという意味）と副詞的に用いる場合は、「しんそこ」と読む。

□**技神に入る**　×わざ、かみにいる→○ぎ、しんにいる

技量が神の域に達していること。なお、「悦に入る」「堂に入る」も「いる」と読む。

□**質素を旨とする**　×し→○むね

重んじる、第一とする。「勉学を旨とする」「質実剛健を旨とする」など。

□**一矢を報いる**　×いちやをむくいる→○いっしをむくいる

一本の矢を射て、わずかでも反撃するという意味。慣用句では「いっし」と読む。

⦿やってはいけない漢字の読み間違い①——COLUMN

×は、ありがちな読み間違いです。正しく読んでください。

役務《×やくむ》

雑役《×ぞうえき》

黄砂《×おうさ》

債務《×せきむ》

中火《×なかび》

衆道《×しゅうどう》

博才《×はくさい》

頭熱《×とうねつ》

小人数《×しょうにんずう》

紅葉狩《×こうようが》り

口伝《×くちづたえ》

金詰《×かなづ》まり

非力《×ひりょく》

下職《×かしょく》

この世の外《×そと》

湯薬《×ゆやく》

○えきむ
人のために行う労働。

○ちゅうび
中くらいの火力。「中火で煮る」など。

○こにんずう
少人数は「しょうにんずう」。

○ひりき
力が弱いこと。「非力なバッター」「非力な政治家」など。

○ざつえき
こまごまとした仕事。

○しゅどう
男色のこと。「修道」は「しゅうどう」と読む。

○もみじがり
里山などで、紅葉を鑑賞すること。

○したしょく
したじょく。親方などの下で、仕事を手伝う者。

○こうさ
黄色い砂。とくに、中国の黄土地帯の細かい砂。

○ばくさい
博打の才能。博学多才は「はくがくたさい」。

○くちづて
口伝え（くちづたえ）と混同しないように。

○ほか
あの世のこと。来世。

○さいむ
金を借りた者が負う返済義務。「責務」と見間違えないように。

○ずねつ
頭に熱があること。のぼせ。

○かねづまり
資金繰りに困ること。

○とうやく
煎じ薬のこと。「煎薬」（せんやく）ともいう。

◉やってはいけない漢字の読み間違い②――COLUMN

×は、ありがちな読み間違いです。正しく読んでください。

根抵当《×こんていとう》

古物商《×ふるものしょう》

稗史《×ひし》

遊説《×ゆうぜつ》

門扉《×もんとびら》

凡例《×ぼんれい》

貼付《×てんぷ》

十指《×じゅっし》

古文書《×こぶんしょ》

相殺《×そうさつ》

一段落《×ひとだんらく》

御用達《×ごようたつ》

火影《×ひかげ》

粗利益《×そりえき》

判型《△はんけい》

諭旨《×ろんし》

○ねていとう
一定の限度額まで担保する抵当権。

○もんぴ
建物の門の扉。

○こもんじょ
古い文書のこと。

○ほかげ
火の光。

○こぶつしょう
古道具を商う商売。

○はんれい
辞典などの冒頭に示される使用法などのこと。

○そうさい
プラスマイナスなしにすること。

○あらりえき
売り上げから原価を差し引いた大ざっぱな儲け。

○はいし
民間の歴史書。「正史」の対義語。

○ちょうふ
貼り付けること。

○いちだんらく
区切りがつくこと。

○はんがた
もともとは「はんがた」。四六版などの本の大きさをいう場合は「はんけい」が主流。

○ゆうぜい
説いて回ること。

○じっし
十本の指。「十指に余る」など。

○ごようたし
宮中に納めることを認められた品。

○ゆし
諭（さと）し言い聞かせること。「諭旨解雇」など。「論旨」ではない。

◉やってはいけない漢字の読み間違い③——COLUMN

×は、ありがちな読み間違いです。正しく読んでください。

客死《×きゃくし》	黙然《×もくぜん》	権勢《×ごんせい》	場数《×ばすう》
直火《×ちょくび》	汎用《×ぼんよう》	雑魚《×ざつぎょ》	虚空《×きょくう》
遡上《×さくじょう》	空梅雨《×そらつゆ》	最高値《×さいこうち》	茶話会《×ちゃわかい》
木綿《×きめん》	生国《×せいこく》	清水焼《×しみずやき》	初陣《×しょじん》

○かくし
旅先で息をひきとること。

○じかび
火に直接当てること。

○そじょう
川の流れを遡ること。

○もめん
綿毛。それから作られた糸や布。

○もくねん
口をつぐんでいる様子。「黙然としている」など。

○はんよう
一つのものをいろいろな用途に使うこと。

○からつゆ
梅雨の時期に、雨がほとんど降らないこと。

○しょうごく
生まれ故郷。生まれた国。

○けんせい
権力を握り、勢いがあること。

○ざこ
さまざまな種類の小魚の総称。

○さいたかね
ある期間のうちでついた、もっとも高い値段。

○きよみずやき
京都の清水・五条坂あたりで産出される京焼。

○ばかず
多くの経験。「場数を踏む」など。

○こくう
何もない宙のこと。

○さわかい
お茶とお菓子で、気軽に集まる集会。

○ういじん
初めて戦いに出ること。「初陣を飾る」など。

◉やってはいけない漢字の読み間違い④――COLUMN

×は、ありがちな読み間違いです。正しく読んでください。

手水鉢《×てみずばち》	赤口《×せきぐち》	先負《×さきまけ》	正札《×せいふだ》
分娩《×ぶんぺん》	竹馬《×ちくま》の友	門跡《×もんせき》	生薬《×せいやく》
一端《×いったん》の口	斜向《×ななめむ》かい	夜の帳《×ちょう》	室礼《×しつれい》
先達《×せんだち》	納所《×のうしょ》	遊行《×ゆうぎょう》	発句《×はつく》

○ちょうずばち
手や顔を洗うための水をためておく鉢。

○しゃっこう
大安、仏滅などとともに六曜の一つ。

○せんぷ
やはり、六曜の一つ。

○しょうふだ
掛け値なしの値段を書いた札のこと。

○ぶんべん
胎児を出産すること。「分娩室」など。

○ちくば
幼いころに、一緒に竹馬に乗って遊んだ幼なじみのこと。

○もんぜき
皇族・貴族が住職などを務める寺院。

○しょうやく
動植物の抽出物を、薬の原料としたもの。「生薬配合」。

○いっぱし
「一端の口をきく」などというときのイッパシ。

○はすむかい
「斜向かいの家」など。

○とばり
夜になるという意。「帳」は室内を隔てるのに使った垂れ衣。

○しつらい
部屋の飾りつけ。もとは「設い」で、「室礼」は当て字。

○せんだつ
人を案内し、導く者。先輩。「先達に学ぶ」など。

○なっしょ
寺院で会計を担当する部署。

○ゆぎょう
僧侶の修行の旅。「遊行僧」「遊行聖」など。

○ほっく
連歌の最初の句。

◉やってはいけない漢字の読み間違い⑤——COLUMN

×は、ありがちな読み間違いです。正しく読んでください。

願文 ×がんぶん	内宮 ×ないぐう	神馬 △しんば	白鞘 ×しろざや
胡粉 ×こふん	紅殻 ×べにがら	盛花 ×せいか	本絹 ×もとぎぬ
僧都 ×そうと	直箸 ×ちょくばし	風合 ×ふうごう	板長 ×いたなが
道祖神 ×どうそしん	小鼓 ×こづつみ	鷹匠 ×たかしょう	金仏 △かねぼとけ

○がんもん
神仏への願いを書いた紙。「願文を奉納する」など。

○ごふん
貝殻から作った白の顔料。

○そうず
僧の位の一つで、僧正につぐかなり高い地位。

○どうそじん
一方、同祖神は「どうそしん」と読む。

○ないくう
伊勢神宮の大神宮の一つ。「外宮」は「げくう」と読む。

○べんがら
赤の顔料。「紅殻格子」など。

○じかばし
自分の箸で、じかに食べ物をとること。

○こつづみ
小さな鼓。舌鼓は「したつづみ」、腹鼓は「はらつづみ」。

○しんめ
神社に奉納する馬。「しんば」「じんめ」と読む場合もある。

○もりばな
花を盛って飾ったもの。盛塩のことを意味する場合もある。

○ふうあい
織物の見た感じや手ざわり。「風合い」とも書く。

○たかじょう
鷹を扱う者。鵜匠は「うしょう」も「うじょう」も○。

○しらさや
白木で作った鞘。

○ほんけん
まじりけのない絹糸、絹織物。絹100%の意。

○いたちょう
板前の頭のこと。

○かなぶつ
金属製の仏像。「木仏金仏石仏」など。

◉やってはいけない漢字の読み間違い⑥――COLUMN

×は、ありがちな読み間違いです。正しく読んでください。

自力《×じりょく》

元凶《×がんきょう》

煙草《たばこ》の脂《×あぶら》

金地金《×かねじがね》

場末《×ばまつ》

一家言《×いっかごん》

黙示録《×もくじろく》

乙張《×おとはり》

粗目《×あらめ》

播種《×ばんしゅ》

七変化《×ななへんげ》

築地塀《×つきじべい》

店賃《×みせちん》

語り種《×かたりだね》

新盆《×しんぼん》

(吉原の)大門《×だいもん》

○じりき
自分の力。「自力更生」など。

○げんきょう
災いのもと。悪事の中心人物。

○やに
松脂、目脂（めやに）も、「やに」と読む。

○きんじがね
金の地金。

○ばすえ
町からはずれたところ。「場末の酒場」など。

○いっかげん
独自の意見。

○もくしろく
新約聖書の巻末の書。

○めりはり
ゆるみと緊張。

○ざらめ
精製していない砂糖のこと。

○はしゅ
田畑に種をまくこと。

○しちへんげ
同じ役者が次々と早変わりし、七つの役を演じる。

○ついじべい
泥で塗り固めた塀の上に、瓦を葺いたもの。

○たなちん
家賃のこと。店舗を借りていても「みせちん」ではない。

○かたりぐさ
話題のたね。「お笑い種」もこの字を使う。

○にいぼん
死者が出たあと、初めて迎える盆。初盆ともいう。

○おおもん
遊廓の門は「おおもん」、寺の門は「だいもん」。

▼「和風の言葉」が読めますか——COLUMN

古渡り　×ふるわたり→○こわたり　古い時代、外国から入ってきた物。
古代裂　×こだいれつ→○こだいぎれ　古い時代の布地の切れ端。「古裂《こぎれ》」とも。
琴柱　×ことばしら→○ことじ　琴の糸を張るための道具。
甲斐絹　×かいぎぬ→○かいき　絹布の一種。甲斐の国で作られたことから。
謡初め　×うたいはじめ→○うたいぞめ　新年に謡曲を初めてうたう儀式。
御神火　×ごしんか→○ごじんか　火山の噴火を神聖視した表現。
法名　×ほうめい→○ほうみょう　仏教徒としての名。戒名。
万燈会　×まんとうえ→○まんどうえ　仏に万燈を捧げる祭り。
静心なく　×せいしんなく→○しずごころなく　心が落ちつかないさま。
仙台平　×せんだいだいら→○せんだいひら　男子用の絹の袴地。
お店者　×おみせもの→○おたなもの　商店につとめる者。
唐衣　×からごろも→○からぎぬ　十二単の一番上に着る衣。
箕　×みの→○み　穀類をふるいにかける道具。「みの」と読むのは「蓑」。

末期の水　×まっき↓○まつご　一方、「末期症状」は「まっき」と読む。

子福者　×こぶくもの↓○こぶくしゃ　たくさんの子供に恵まれた人。

手向けの香華　×てむけのこうか↓○たむけのこうげ　神仏に供える香と花。

奉書紙　×ほうしょし↓○ほうしょがみ　楮《こうぞ》を原料とする上質の和紙。

（相撲の）足取り　×あしどり↓○あしとり　足の運び方は「あしどり」と濁って読む。

小童　×こわらべ↓○こわっぱ　子供や若者を罵っていう言葉。「黙れ、小童」など。

経緯絣　×けいいがすり↓○たてよこがすり　縦糸、横糸の双方で模様を出した絣。

一切経　×いっさいぎょう↓○いっさいきょう　中国の仏教経典の総称。

従一位　×じゅういちい↓○じゅいちい　国家に功績あった人への栄典の一つ。

他人様　×たにんさま↓○ひとさま　「他人事」は「ひとごと」と読む。

白一色　×はくいっしょく↓○しろいっしょく　黒一色は「くろいっしょく」。

白木造り　×しろき↓○しらき　「白木の箱」は「しらきのはこ」。

▼「顔についての言葉」が読めますか――COLUMN

顔色を失う　×かおいろ→○がんしょく　「顔色が悪い」は「かおいろ」。

頭が高い　×あたま→○ず　態度が大きいこと。

頭をめぐらす×あたま→○こうべ　周りを見渡すこと。

地頭がいい　×じとう→○じあたま　「泣く子と地頭には勝てぬ」は「じとう」と読む。

面も振らず　×つら→○おもて　脇目を振らず、よそみすることなく。

面を伏せる　×つら→○おもて　「面を上げる」も「おもて」と読む。

所得顔をする×しょとくがお→○ところえがお　得意顔、したり顔のこと。

項が美しい　×こう→○うなじ　「頂《いただき》」と見間違えないように注意。

口の端に上る×くちのはし→○くちのは　噂になる。話のタネになる。

▼「身体についての言葉」が読めますか――COLUMN

足関節　×あしかんせつ↓〇そっかんせつ　〇そくかんせつ　足首の関節。

半身にかまえる×はんしん↓〇はんみ　「下半身」「上半身」などは「はんしん」と読む。

額に汗する　×がく↓〇ひたい　「額に汗して働く」など。

気骨が折れる×きこつ↓〇きぼね　「気骨がある」は「きこつ」と読む。

背筋を伸ばす×はいきん↓〇せすじ　「背筋を鍛える」は「はいきん」と読む。

容体（容態）×ようたい↓〇ようだい　病気の具合。

罹病　×らびょう↓〇りびょう　病気にかかること。「ら」と読む漢字は「羅」。

有髪　×ゆうはつ↓〇うはつ　頭を剃っていないこと。「有髪の尼」など。

弓手　×ゆみて↓〇ゆんで　左手のこと。右手は「馬手《めて》」。

指呼《しこ》の間　×ま↓〇かん　呼べば、すぐに答えが返ってくるほどの近い距離。

▼「食べものについての言葉」が読めますか――COLUMN

温燗　×あつかん↓○ぬるかん　やや低い温度に燗すること。「熱燗」との混同に注意。
馬刺　×ばし↓○ばさし　馬肉の刺身。
棒々鶏　×ボウボウジー↓○バンバンジー　鶏肉を使った中華料理。
東坡肉　×トウポーロー↓○トンポーロー　豚肉をやわらかく煮た中華料理。
浅葱　×わけぎ↓○あさつき　○あさぎ　「わけぎ」と読むのは「分葱」。
紅玉　×あかだま↓○こうぎょく　リンゴの品種。ルビーのことでもある。
四斗樽　×よんとだる↓○しとだる　日本酒の樽。酒樽は「さけだる」ではなく「さかだる」。
白酒　×しらざけ↓○しろざけ　甘く白い酒。
小倉アイス　×こくら↓○おぐら　小倉織は北九州市の小倉の織物なので、「こくらおり」。
米酢　×こめす↓○こめず　「よねず」とも読む。
潮汁　×しおじる↓○うしおじる　魚の汁物。潮煮は「うしおに」。
苦汁で固める　×くじゅう↓○にがり　豆腐などの製造に用いる原料。
魚が熟れる　×うれる↓○なれる　同じ「熟れる」でも、果実は「うれる」と読む。

▼「動植物についての言葉」が読めますか——COLUMN

間鴨　×まがも↓○あいがも　「合鴨」とも書く。「まがも」と読むのは「真鴨」。

海豚　×ふぐ↓○いるか　ふぐは「河豚」と書く。

鵜飼　×うがい↓○うかい　濁らずに読む。

馬そり　×うまそり↓○ばそり　馬にひかせるそり。馬車と同様、「ば」と読む。

雌鶏　×めすどり↓○めんどり　雄鶏は「おんどり」。

落葉松　×らくようまつ↓○からまつ　落葉するマツ。「唐松」とも書く。

白梅　×しろうめ↓○しらうめ　「はくばい」とも読む。

泰山木　×たいざんぼく↓○たいさんぼく　中国の山の「泰山」は「たいざん」と読む。

大輪の花　×だいりん↓○たいりん　花のサイズが大きいこと。「大輪の花」など。

竹工芸　×ちくこうげい↓○たけこうげい　竹を素材とする工芸。

甘草　×あまくさ↓○かんぞう　薬草の一種。

本草学　×ほんそうがく↓○ほんぞうがく　薬用植物に関する学問。

Step3

このポイントが「書き間違い」を防ぐ〝勘所〟

1　常識が問われる書き間違い

■「ひらがな」の書き方がポイント

×高見の見物→○高みの見物

○は、外部から、事のなりゆきを傍観すること。「高み」の「み」は、「弱み」や「痛み」の「み」と同様、接尾語なので、「高見」とは書かない。

×腕の見せ所→○腕の見せどころ

「場所」という意味が薄れている「ところ」は、ひらがなで書くのが一般的。「このところ」「つかみどころ」「勝負どころ」「非の打ちどころ」などは、ひらがなで書き、「至る所」「所狭し」などは、まだ「場所」の意味が残っているので、漢字で書いてもよい。

×親の七光り→○親の七光

この言葉の「光」は名詞なので、送り仮名をつける必要はなく、「七光」と書く。意味は、親の威光によって、子供がいろいろな恩恵を受けること。

×錆を利かせる→○さびを利かせる

語源は「わさびを利かせる」とみられ、「さび」はひらがなで書くのが適切。意味は、物事を鋭くひきしまった感じにすること。

×消し印→○消印

政府は「送り仮名の付け方」という内閣告示で、送り仮名の付け方に関するガイドラインを示している。この語は、そのなかで、送り仮名をつけない例として挙げられている言葉。一方、「捨て印」と「割り印」は、今のところ、送り仮名を入れるのが一般的。

×松食虫↓○松くい虫

かつての対策法の法律名が「松くい虫被害対策特別措置法」だったため、行政用語としては「松くい虫」と書く。メディアもそれにならって、この〝混ぜ書き〟で定着している。

×木靴↓○木ぐつ

「木ぐつ」は、革製品ではないので、革偏の「靴」を使わない。「藁ぐつ」も同様で、ともにもとは「沓」と書いた。

■意外に正しく書けない身近な名詞

×小犬の頃↓○子犬の頃

「小犬」は小型の犬、「子犬」は生まれたばかりの犬、あるいは幼犬のこと。「〜の頃」と続けるには、「子犬」がふさわしい。

×止め金→○留め金

「止める」と「留める」の使い分けは、ひじょうに厄介。ポピュラーな言葉では、留め金、駅留め、つなぎ留める、引き留めるは、本来は「留」を使う。このうち、留め金以外は「止め」と書くのも許容されるようになっているが、「留め金」は今も「留」と書く。

×新書版→○新書判

書籍のサイズを表すときは「判」を使う。四六判、タブロイド判など。一方、書籍のタイプの違いを表す場合は「版」を使う。図解版、絵本版、縮刷版、決定版など。なお、海賊版も「版」と書く。

×筆使い→○筆遣い

よく使う言葉のうちでは、文字遣い、言葉遣い、金遣い、気遣い、仮名遣いは「遣い」を使う。進物を意味する「お遣い物」も「遣い」と書く。

×恋患い↓○恋煩《わずら》い

「わずらう」には「煩う」と「患う」の二通りの書き方がある。心に関係する場合は「煩う」を使い、思い悩む、心の中で苦しむという意味。一方、体に関係する場合は、「患う」を使い、病気にかかること。

×手透き和紙↓○手漉《す》き和紙

「てすき」には二通りの書き方があり、「手漉き」は紙を手で漉くこと。一方、「手透き」は、することがなくて暇なこと。こちらは「手隙」とも書く。

×腐食土↓○腐植土

「腐植」は土壌中の有機化合物の総称で、腐植をたっぷり含んだ土が「腐植土」。ワープロソフトでは、続けて打っても、〝腐食土〟と誤って出ることがあるので、注意。

△酒倉→○酒蔵

「倉」と「蔵」は同じ意味だが、熟語には、どちらを使うかが決まっている言葉がある。米倉は「倉」を使うことが多く、酒蔵とお蔵入りは「蔵」と書く。

×目貫き通り→○目抜き通り

「めぬき」には二通りの書き方があり、「目抜き通り」は人通りの多い通り。一方、刀の「目貫」は、柄につける装飾金具のこと。

×放れ座敷→○離れ座敷

距離的にはなれていることは「離れ」、解き放たれることは「放れ」と書く。（家の）「離れ」や「人里離れた」は距離的にはなれているので「離れ」を使い、放たれた馬は「放れ駒」と書く。

×（舶来品を扱う）用品店→○洋品店

「洋品店」は、西洋風の品を売る店。一方、「用品店」は今では専門店を意味し、

「スポーツ用品店」「アウトドア用品店」などと使われる。

×不要品→○不用品

「不要」と「不用」は、ともに「必要ない」という意味だが、この語は「不用品」と書く。「ふよう」と「ひん」を分けて打つと、間違いやすい。

×農器具→○農機具

「機具」は、機械と器具の総称。農業関係の道具には、大きな機械も小さな器具もあるので、「農機具」と書く。

■名詞はズバリここが間違いやすい

×阿波踊り→○阿波おどり

徳島市などが「阿波おどり」という表記で統一しているため、固有名詞としては「〜おどり」とひらがなで書く。「徳島阿波おどり空港」など。辞書では「阿波踊り」を見出し語にしていることもあるが。

×阿片法↓〇あへん法

阿片の譲渡、所持などを取り締まる法律。法律名としては、ひらがなで書く。

×勅選集↓〇勅撰集

帝の命によって編まれた書物。現代作家の作品集には「選集」を使うが、「勅撰集」には「撰」を使うのが、表記上のお約束。

×釜元↓〇窯元

陶磁器を焼くのは「窯」であり、窯元、窯入れ、窯出しと書く。一方、釜飯、釜揚げうどん、釜茹で、茶釜などは「釜」を使う。

×低開発国↓〇発展途上国　〇新興国

低開発国、後進国は、差別的な響きがあるとされ、ずいぶん前から、発展途上国か開発途上国に言い換えられている。さらに近年では、「新興国」と呼ばれることが増えている。

×懐古録→○回顧録

「回顧」は過去を振り返ることで、「懐古」は昔を懐かしく思うこと。「回顧録」「懐古趣味」「懐古記念館」などと使い分ける。

×晦渋策→○懐柔策

「懐柔」は、うまく話をもちかけたりして、手なづけることで、「敵を懐柔する」など。一方、「晦渋」は文章などが難しくわかりにくいことで、「晦渋な文章」などと使う。

×神技→○神業

「神業」は、神にしかできないような、しわざ。技術ではなく、「しわざ」というニュアンスのときは「業」と書く。「人間業とは思えない」「容易な業とは思えない」など。

×並行線→○平行線

どこまで行っても、交わらない線。比喩的に、妥協点を見いだせないことの形容に使い、「話し合いが平行線のまま終わる」など。

■名詞は意外にここが間違いやすい

×（鉄道の）遮断器→○遮断機

踏切用の遮断機は大きな機械なので、「機」を使う。一方、電気回路を遮断する装置は、小さな器具なので、「遮断器」と書く。

×山鉾巡航→○山鉾《やまぼこ》巡行

「じゅんこう」には二通りの書き方があり、「巡行」は神輿や行列などがまわること。一方、「巡航」は一定の高度と速度を維持するという意味で、「巡航ミサイル」

「巡航速度」などと使われる。なお、「じゅんぎょう」と読むのは「巡行」ではなく、「巡業」。

×弔意金→○弔慰金

「弔慰金」は文字どおり、「死者を弔い、遺族を慰める」ためのお金。単に、弔意を表す金ではない。続けて打っても、「弔意金」と出ることがあるので注意。

×地獄図会→○地獄図絵《ずえ》

「図絵」は絵のことで、「地獄図絵」はこちらを使う。一方、「図会《ずえ》」は、一定の種類の図や絵を収集・収録したという意味で、「名所図会」「和漢三才図会」などはこちら。

×大文字焼き→○大文字の送り火

「送り火」は、祖先の霊を送るために、火を燃やす盆行事。「送り火」であることを表すため、「大文字焼き」という言葉は避けたい。京都の〝大文字の送り火〟

は、正式には「五山《ござん》送り火」という。

×源平の騒乱↓○源平の争乱

「そうらん」には二通りの書き方がある。「争乱」は争い・戦いのことで「戦国の争乱」など。一方、「騒乱」は騒動のことで、「騒乱罪」「騒乱事件」など。

△ナンバーツー↓○ナンバー2

なぜか「ナンバーワン」はカタカナで書き、「ナンバー2」以下は、洋数字で書くのが一般的。そういう決まりがあるわけではないのだが、少なくとも活字メディアではそう書くことが多い。そうしたほうが、読みやすいということなのだろう。

×三河漫才↓○三河万歳

「三河万歳」は、三河地方の民俗芸能で、正月などに門付《かどづ》けして回る芸。現在の「漫才」のルーツとされる芸の一つではあるが、「万歳」と書く。

×歌い文句→○謳い文句

キャッチフレーズのこと。性能や効能などを「謳う」（ほめたたえる、言い立てる）言葉であり、歌うわけではない。

×腐朽の名作→○不朽の名作

「ふきゅう」は、普及、不休、不急など、変換候補が多いので、選択ミスに注意。そのうち、「不朽」は朽ちないさまで、「腐朽」は腐って朽ちはてるという、正反対の意味をもつ。うっかり選び間違えないように。

×微少生物→○微小生物

「微少」は、ひじょうに少ないことで、「微小」は、ひじょうに小さいこと。○は、ひじょうに小さい生物なので「微小」と書く。一方、微少は「微少な金額」などと使う。

×無名の刀→○無銘の刀

「銘」は、単なる名前ではなく、刀や陶磁器などに刻む製作者の名や独自のしるしのこと。「無銘」は、その銘が入っていないことで、製作者がわからない器物。

×水性昆虫→○水生昆虫

「水生」は水中で暮らすことで、水生植物など。一方、「水性」は水に溶けやすい性質のことで、水性塗料、水性ペンなどに使う。

×（生物の）固体→○（生物の）個体

「個体」は、生物の最小の単位のこと。個体差、個体管理、個体群などは、「個体」を使うので、変換ミスしないように。

×ジュラ期→○ジュラ紀

「紀」は、地質年代の時間単位で、「世」よりも長く、「代」よりも短い区分。「ジュラ紀」は、フランスとスイスにまたがるジュラ山脈から命名された。

■とにかくめんどうな「ず」と「づ」の書き分け

×もとずく→○もとづく

政府は、内閣告示「現代仮名遣いについて」によって、「ず」と「づ」の使い分けなどのガイドラインを示している。「ず」と「づ」では、「ず」の使用が本則で、多くの言葉は「ず」を使う。ただし、例外もあって「二語の連合によって生じた場合」は「づ」と書くとされている。たとえば「もとづく」は、「もと＋つく」という二語の連合であるため、もとずくではなく、「もとづく」と書くという具合。

×黒づくめ→○黒ずくめ

これも、「現代語の意識で二語に分解しにくい」とされるケース。「結構ずくめ」「規則ずくめ」「記録ずくめ」など、「ずくめ」は「ず」を使う。同様に「納得ずく」などの「〜ずく」も、「二語に分解しにくい」とされるケースとされ、「ずく」

と書く。「相談ずく」「計算ずく」「腕ずく」「力ずく」など。

×分かりずらい↓○分かりづらい

「見づらい」「聞きづらい」などの「～づらい」も二語の連合とされ、「づ」と書く。

×ちじむ↓○ちぢむ

「現代仮名遣いについて」では、「じ」と「ぢ」では「じ」を本則としている。ところが、これにも例外があって、「同音が連呼する場合は『ぢ』『づ』と書く」としている。たとえば、「ちぢむ」は「ち」が続くので「ぢ」を使うという具合。他に「ちぢれる」「ちぢこまる」「つづく」「つづめる」なども、同音の連続なので、「ぢ」や「づ」を使う。

×いちぢるしい↓○いちじるしい

ただし、前項の例外規定には、さらに例外があって、「いちじるしい」と「いちじく」は、この例にあたらないと例示されている。要するに、このあたりは、一語ずつ覚えるしかないということ。

×ほうずき→○ほおずき

内閣告示の「現代仮名遣いについて」では、「オ列の長音」は「ウ」で表すことを本則としている。「おとおさん」ではなく、「おとうさん」と書くという意味。ただし、これにも例外があり、旧仮名遣いで「ほ」と書いて「お」と発音していた言葉は、「お」と書くとしている。「ほおずき」「おおかみ」「おおやけ」「こおろぎ」「おおきい」などは、かつては「ほ」を使っていたので、今は「お」と書くといわけ。

×お待ちどうさま→○お待ちどおさま

漢字では「お待ち遠さま」と書き、「遠い」は、旧仮名遣いでは「とほい」と書いたため、今は「とおい」、そのため「お待ちどおさま」と書くのが正しいことになる。ただし、ネットなどには「お待ちどうさま」という書き方が溢れている。

■「ひらがな」で書いたほうがいい言葉①

×見た事もない↓○見たこともない

特定の事柄を意味しない形式名詞化した「こと」は、ひらがなで書くのが一般的。

×比べ物にならない↓○比べものにならない

形式名詞の「もの」は、ひらがなで書く。冷や汗もの、ものの弾み、切腹ものなど。

×一たまりもない↓○ひとたまりもない

「ひと」は、その後ろにひらがな書きの言葉が続く場合は、「ひと」と書くのが普通。ひとまとめ、ひともうけ、ひとわたり、ひとしきりなど。一方、後ろに漢字の言葉が続く場合は「一」と書く。一汗、一言、一雨、一握り、一思いに、など。

△素人臭い↓○素人くさい

においと関係しない「〜くさい」は、ひらがな書きが一般的。照れくさい、面倒くさい、水くさいなど。一方、汗臭いや酒臭いは、においと関係するので「臭い」を使う。また、泥くさいは、においとの関係が多少は残っているため、ひらがな、漢字のどちらでも書く。

×動き出す↓○動きだす

歩きだす、笑いだすなどの「〜しはじめる」という意味の「だす」は、ひらがなで書くのが一般的。一方、出る、出すという意味が残っている場合は、漢字で「出す」と書く。思い出す、滑り出すなど。

×こんな風に↓○こんなふうに

近頃は、「ふう」とひらがなで書くのが一般的。「こんな様な」も「こんなような」と書くようになっている。

■「ひらがな」で書いたほうがいい言葉②

×する模様→○するもよう

新聞などのマスコミでは、「柄《がら》」という意味の「模様」は漢字で書いているが、推測の意味で使う場合は、「～のもよう」のように、ひらがなで書くことにしている。

×好き好んで→○好きこのんで

マスコミでは、○のように書いている。一方、「好んで」を単独で使う場合は漢字で書く。

×頭に来る→○頭にくる

「やって来る」という意味が薄れている場合の「くる」は、ひらがなで書くのが一般的。「かちんとくる」「ぴんとくる」など。一方、「珍客が来る」「冬が来る」

など、やって来るものは「来る」と書く。

×住み良い→○住みよい

補助用言の「よい」はひらがなで書くほうがよい。「してよい」「暮らしよい」など。

×裏ぶれる→○うらぶれる　○心ぶれる

落ちぶれる、または、悲しみに沈むという意味で、漢字では「心《うら》ぶれる」と書く。うら寂しい、うら悲しい、うら若いの「うら」も、もとは「心」と書き、今はひらがなで書くのが普通。

△さ迷う→○さまよう

漢字では本来は「彷徨《さまよ》う」と書く。ただし、「さ迷う」と書く人が増え、近年は「さ迷う」という書き方を認めている辞書もある。その場合、「さ」は接頭語と解釈される。

■意外と侮れない「ひらがな」の書き方①

×生きれる→○生きられる

「生きれる」は、いわゆる「ら抜き言葉」。〝ら抜き2トップ〟の「見れる」「食べれる」のほか、着れる、来れる、考えれる、起きれる、決めれる――あたりが、ら抜きになりやすい。

×お話しします→○お話しします

「お聞きします」「お尋ねします」など、「〜します」は動詞の連用形につく。「話す」の場合も、「お話」という名詞ではなく、「お話し」という動詞の連用形につくので、「お話しします」が正しい形。言いにくいけれど……。

△合点がいく→○合点がゆく

「いく」は現代語的で、「ゆく」は文語的という、ニュアンスの違いがある。そのため、「合点がゆく」など、古くから使われてきた成句は、「ゆく」と言ったり、読んだりしたほうがしっくりくる。とりわけ、「更《ふ》けゆく」「去りゆく」「ゆきゆきて」などの文語的な表現は、今も「ゆく」限定。

×と思いきゃ→○と思いきや

「〜と思ったところが意外にも」という意味。「思いきや」は、「思う」の連用形＋過去の助動詞「き」＋感嘆の係助詞「や」という複雑な形。この「や」は小さな「ゃ」にはならない。

■意外と侮れない「ひらがな」の書き方②

×思いとどめられた→○思いとどまらせられた

「思いとどまる」という動詞は、相手を慰留するときには「思いとどまらせる」となり、相手から慰留されるときは、それがさらに受け身となって、「思いとどまらせられる」という、舌を噛みそうな形になる。

×仰られる→○仰《おっしゃ》る

「仰る」は「言う」の専用敬語であり、それに尊敬の助動詞「られる」をつけると、くどい二重敬語になる。専用敬語をめぐっては、同様の失敗例が多く、たとえば「召し上がる」は「食べる」の専用敬語なので、「召し上がられる」とはしない。

×まぎわらしい→○まぎらわしい

口語だと、なぜか、ひらがなの順番がひっくりかえりやすい言葉がある。これは、その代表例で「まぎわらしい」という人が少なくない。

×手持ちぶたさ→○手持ちぶさた

これも、口語で、ひらがなの順が逆転しやすい語。「さ」と「た」の順番が逆転し、「ぶたさ」と言っている人が少なくない。

×まがいなりにも→○まがりなりにも

漢字で書くと「曲がりなりにも」で、たとえ曲がった形であっても→たとえ不完全な状態でも、という意味。

×知らなさすぎる→○知らなすぎる

これは、「さ入れ言葉」といわれる間違い。不必要な「さ」を入れる間違いは、おおむね「ない」をめぐって生じる。「ない」には、形容詞の「ない」と助動詞の「ない」があり、形容詞の場合は、語幹の「な」に接尾語の「さ」をはさんでから「すぎる」をつける。「人気がなさすぎる」「面白くなさすぎる」という具合だ。一方、助動詞の「ない」は、語幹に直接「すぎる」をつけ、「知らなすぎる」はこちら。ところが、形容詞の「ない」で「さ」をはさむ音が耳になじんでいるため、助動詞の「ない」の場合も、「さ」をはさむ人がいるというわけ。

×所在なさげ→○所在なげ

これも「さ入れ言葉」の一種。退屈、手持ちぶさたという意味で、「所在なげ」

が本来の形だが、近年「所在なさげ」という人が多くなっている。ただし、今も誤用であることに変わりはないので、「所在なげ」を使ったほうがいい。

×やむおえず↓○やむをえず

漢字では、「已むをえず」「止むをえず」と書き、「を」を使う。なお、この語を含め、「いわんや～をや」「失礼をばいたしました」などの漢語・文語的表現には、「を」を使うケースが残っている。

×イの一番↓○いの一番

真っ先という意味。いろはの最初にくる文字ということから、いろはの「い」を使う。「いの一番に駆けつける」など。

▼つい「送り仮名」を忘れてしまう言葉――COLUMN

×押える↓○押さえる……なお、「抑える」は「える」だけを送る。

×煩す↓○煩わす……形容詞の「わずらわしい」は「煩わしい」と送る。

×慌しい↓○慌ただしい……「慌てる」も、「あわ」が語幹。

×危い↓○危ない……「危《あや》うい」は、「うい」を送る。

×甚しい↓○甚だしい……「甚だ」も「だ」を送る。

×費す↓○費やす……「費える」の場合も、語幹は「つい」。

×懐しい↓○懐かしい……「懐く」も、語幹は「なつ」。

×恥かしい↓○恥ずかしい……「恥」は名詞としては「はじ」、動詞では「は」と読む。

×癒る↓○癒《い》える……なお、「いやす」は、辞書では「癒す」を見出し語にしている。

▼内閣告示で「送り仮名」をつけないとされた言葉――COLUMN

以下の言葉は、内閣告示の「送り仮名の付け方」で、送り仮名をつけないと例示されている名詞。動詞として使う場合は、送り仮名をつけることが多いため、名詞として使う場合も、つい送り仮名をつけてしまいがちな言葉がそろっている。ご注意のほど。

×印し→○印
×頂き→○頂
×煙り→○煙
×気付け→○気付
×請け負い→○請負
×木立ち→○木立
×日付け→○日付
×割合い→○割合
×受け付け→○受付

×隣り→○隣
×謡い→○謡
×書き留め→○書留
×小包み→○小包
×手当て→○手当
×献立て→○献立
×夕立ち→○夕立
×置き物→○置物
×備前焼き→○備前焼

▼「送り仮名」がなくてもいい言葉――COLUMN

内閣告示で例示されているわけではないが、以下も、つい送り仮名を送りすぎる名詞。


×合い鍵→○合鍵……合方、合言葉、合間も、「い」をはさまない。

×浮き草→○浮草……浮雲、浮名、浮橋、浮袋、浮世、浮世絵も、「き」をはさまない。

×貸し衣装→○貸衣装……貸金、貸座敷、貸室、貸席、貸本、貸家、高利貸も、「し」をはさまない。

×建て具→○建具……建坪、建前、建売も、「て」をはさまない。

×敷き石→○敷石……敷板、敷金、敷地、敷布団も、「き」をはさまない。

×植え木→○植木……植草、植芝も、「え」をはさまない。

×公け→○公
×趣き→○趣
×次ぎ→○次
×気短か→○気短
×名残り→○名残
×織り物→○織物
×己れ→○己
×塊り→○塊
×間近か→○間近
×息吹き→○息吹
×居合い→○居合
×缶詰め→○缶詰

▼いまどき気をつけたい「打ち間違い」――COLUMN

ベテラン校正者によると、以下の言葉は、手書きの時代よりも、書き間違い（打ち間違い）が増えているという。ワープロソフトを使って手早く打てるようになった分、文字順がひっくりかえりやすくなったケースが多いようだ。いずれも、一度間違えて打つと、後で気づきにくい誤りなので、ご注意のほど。

×こんちには↓◯こんにちは
×あわられる↓◯あらわれる
×あたらな↓◯あらたな
×うらまやしい↓◯うらやましい
×しかめつらしい↓◯しかつめらしい
×腹ただしい↓◯腹だたしい
×お願いたします↓◯お願いいたします
×エレベスト↓◯エベレスト

×ひらなが↓◯ひらがな
×しらばく↓◯しばらく
×あたらか↓◯あらたか
×ふいんき↓◯ふんいき
×あがらう↓◯あらがう
×あたたかった↓◯あたたかかった
×レクエイム↓◯レクイエム

▼誰もが誤変換してしまういろいろな言葉——COLUMN

以下の言葉は、ワープロソフトでは続けて打つと正しく変換されるが、分けて打つと間違いやすい例。誤変換にご注意のほど。


×事初め→○事始め……「仕事始め」「御用始め」も「始め」と書く。

×乳母捨山→○姥捨山……「姥」は老女という意味。

×作意的→○作為的……意図的であること。「作為的に仕組まれる」など。

×前後策→○善後策……事件などのあと、始末をうまくつけるための策。「善後策を講ずる」。

×心配症→○心配性……性質にかかわることなので、「性」を使う。

×首実験→○首実検……「実検」は、本物かどうか確かめること。

×サラリーマンの鏡→○サラリーマンの鑑……この「鑑」は手本という意味。

×太洋州→○大洋州……オセアニアのこと。

×確定投票数→○確定得票数……各議員の得票数なので、後者が正しい。

×漢和事典→○漢和辞典……百科事典、国語辞典と使い分ける。

×遺伝子組み替え→○遺伝子組み換え……「予算の組み替え」は「組み替え」と書く。

×対震構造↓○耐震構造……耐震性、耐震化などは、「耐」を使う。

×傍線グラフ↓○棒線グラフ……「傍線」は本文の横に引く線のこと。

×機密室↓○気密室……気体を通さない部屋なので「気密室」と書く。

×廃水管↓○排水管……水を排する管なので「排水管」。

×授精卵↓○受精卵……授精も精子を卵子に結合させることだが、「受精卵」は「受精」と書く。

×(水泳の)自由型↓○自由形……フリースタイルのこと。

×(ジャンプの)飛形点↓○飛型点……こちらは「型」を使う。

×雲龍形↓○雲龍型……相撲の土俵入りは「型」を使う。

×(相撲の)立ち会い↓○立ち合い……「手術の立ち会い」は「立ち会い」と書く。

×(相撲の)合四つ↓○相四つ……得意な差し手が同じであること。

×100メートル競争↓○100メートル競走……走るので「競走」と書く。

×飛び箱↓○跳び箱……スポーツ関係では、ジャンプに関係する言葉は「跳び」と書く。縄飛びではなく、「縄跳び」、三段飛びではなく、「三段跳び」というように。

▼「食べ物」をめぐる言葉、正しく書けますか——COLUMN

×カツを上げる↓○カツを揚げる……「揚げ物」「から揚げ」も「揚」を使う。

×巧いビール↓○旨いビール……味に関しては「旨い」と書く。一方、「巧い」は巧みなことで、「巧い方法」など。

△金糸卵↓○錦糸卵……マスコミには「錦糸卵」に統一している社が多い。

△少食↓○小食……マスコミには「小食」を使う社が多い。

×好き焼き↓○すき焼き……もとは「鋤焼き」と書き、「好き焼き」はその後生まれた当て字。そのため、「すき焼き」と書いたほうがいい。

×卵丼↓○玉子丼……「卵」と「玉子」の使い分けに明確なルールはないが、料理名には「玉子」を使うことが多い。なかでも「たまご丼」は、玉子丼と書くことが多い。

×氷豆腐↓○凍《こお》り豆腐……高野豆腐のこと。続けて打てば、正しく変換される。

×付き出し↓○突き出し……酒の肴として最初に出すちょっとした料理。お通しのこと。

×向かえ酒↓○迎え酒……二日酔い対策のために、酒を飲むこと。

2　そんな書き間違いポイントがあったのか

■変換ミスに要注意の日本語

×母（父）方のお爺さん↓○母（父）方のお祖父《じい》さん

男性の高齢者一般は「お爺さん」、自分の祖父のことは「お祖父さん」と書くのが一般的。「お婆さん」と「お祖母さん」も、同様に書き分ける。だから、昔話は、自分の祖父母ではないので、「お婆さんは山に洗濯へ〜」と書くほうがいいことになる。

×大会の花↓○大会の華

「花」と「華」に、厳密な使い分けのルールはないのだが、「火事と喧嘩は江戸の華」や「文化の華」などの比喩的な表現は、おおむね「華」を使う。

×物分かれ↓○物別れ

相談がまとまらず、別れること。「物別れに終わる」など。「別れ別れになる」も「別れ」と書く。

×効を奏する↓○功を奏する

事が成就すること。「奏功する」（成功する）という熟語もあるくらいで、「功」を使うのが正しい。

×差し触り↓○差し障《さわ》り

ことを進めるのに具合が悪い事情。不都合を意味する「障り」を使う。

×医者の玉子↓○医者の卵

「玉子」は、もっぱら料理関係で使う書き方。それ以外の言葉では、「卵」を使うのが普通。

×10～20万円→○10万～20万円

前者だと「10円から20万円の間」という意味にもとれるので、○のように、前の数字にも単位をつけるのが正しい書き方。

■熟語の変換ミスにご用心①

×式辞どおりに進行する→○式次どおりに進行する

「式辞」は、式で述べる言葉、挨拶。「式次」は、式次第のこと。

×意志の疎通→○意思の疎通

「～の疎通」と続ける場合には、「何かをしようとする考え」という意味の「意思」を使うのが正しい。

×得意と自認する→○得意と自任する

「自認」は、「弱点を自認する」など、ネガティブな認識に使う言葉。一方、「自任」は、自分こそふさわしいと思うことであり、ポジティブな認識に使う。なお、「自ら自任する」は、ときおり耳にする重複表現。

×ご清聴→○ご静聴

「清聴」は、聴いてくれたことへの敬語表現。「静聴」は、しずかに聴くこと。だから、「ご静聴ありがとうございました」は×で、「ご清聴ありがとうございました」が○。

×原型をとどめない→○原形をとどめない

「原型」は、もとになる型のことで、「鋳物の原型」「原型師」（フィギュアモデルの原型をつくる人）などと用いる。一方、「原形」は、もとの形のことで、「原形を保つ」「原形質」などと使う。

×ブランド指向→○ブランド志向

心がある方向を目指している場合は「志向」を使う。「権力志向」など。一方、物が一定の方向性をもつ場合は「指向」を使い、「指向性マイク」など。

×物陰が動く→○物影が動く

「物影」は、人や動物など、動くものの影。「怪しい物影」などと使う。一方、「物陰」は、建物などの陰になった場所。「物陰に隠れる」「物陰から飛び出す」など。

×日本橋を基点とする→○日本橋を起点とする

「起点」は、物事の始まるところで、とりわけ鉄道や道路の出発点は「起点」を使い、その対義語が「終点」。一方、「基点」は、基準となる点で、おもに地図作成や距離計測の基準となる地点を指す。

■熟語の変換ミスにご用心②

×危険を関知する→○危険を感知する

「関知する」は、事情をよく知っていることで、「関知しない」という否定形で使うことが多い。一方、「感知する」は、危険などの変化を感じとるときに使う言葉。

×情勢が窮迫する→○情勢が急迫する

「急迫する」は、おしせまること。一方、「窮迫する」は、困難な状況に追い込まれることで、「財政が窮迫する」などと使う。

×後身に道を開く→○後進に道を開く

後輩、年下など、あとからくる人は「後進」。一方、「後身」は、組織などがもとの形から変化し、今の姿になったもののことで、「財務省は大蔵省の後身」などと使う。

×国家の攻防↓○国家の興亡

「興亡」は、栄えたり、滅んだりすること。「民族の興亡」『銀河帝国の興亡』（アシモフのSF小説）などと使う。

×端正な顔だち↓○端整な顔だち

ともに、姿や形が正しくきちんとしているという意味だが、ハンサムを意味する場合には「端整」を使うのが一般的。一方、振る舞いやマナーなどの美しさを表現する場合には、「端正」のほうがしっくりくる。「端正に振る舞う」など。

×不順な動機↓○不純な動機

「不純」は、純真ではないことで、「不純異性交遊」「不純物」などと使う。一方、「不順」は、順調ではないことで、「天候不順」「体調不順」などと用いる言葉。

×良心の仮借→○良心の呵責《かしゃく》

「呵責」は、責め苦しめることで、今は「良心の呵責」の形で使うことが多い。一方、「仮借」は意味が違い、ゆるす、見逃すこと。「仮借なき批判」は、厳しい批判という意味。

×訓辞する→○訓示する

「訓辞」は「辞」であり、教え示す「言葉」を意味する。名詞的な熟語なので、サ変動詞（熟語に「する」をつけた動詞）にすることはできない。一方、「訓示」は教え示すことであり、動詞的なニュアンスを含む熟語なので、サ変動詞にすることができる。

×精気のない顔→○生気のない顔

辞書的には、「生気」はいきいきした活力、「精気」は生命の根源である元気などとされるが、現実的には、両者をその意味から使い分けるのは難しい。使用パターンは限られるので、「生気がない」「生気のない」は生気、「精気あふれる」

は精気を使うと覚えておこう。

×美の極地↓〇美の極致

「極致」は最高の境地のことで、「芸術の極致」などと使う。一方、「極地」は、南極と北極のこと。こういうミスは、あとで読み返しても気づきにくいので、誤変換に注意。

×係数に明るい↓〇計数に明るい

「計数」は、計算して得られる数値のこと。「計数整理」「計数管理」などと使う。一方、「係数」はもとは数学用語で、「微分係数」「摩擦係数」「エンゲル係数」などは、こちら。

×神に請願する↓〇神に誓願する

「請願」は、役所などに願い出ることで「国会請願」など。一方、「誓願」は、神仏に誓いを立てること。

×積年の面影→○昔年の面影

「積年」は、過去から現在に至るまでの長い年月のことで、その期間全体を意味する。「積年の努力」「積年の恨み」など。一方、「昔年」は、昔のこと。

×周知を集める→○衆知を集める

「衆知」は、大勢の知恵であり、「集める」のはこちら。一方、「周知」は、広く知られていることで「周知の事実」など。

×奮然として席を立つ→○憤然として席を立つ

「奮然」は、元気を奮い起こすさまで、「奮然として反撃に出る」など。一方、「憤然」は、はげしく憤るさまで、「憤然として席を立つ」などが定番の使い方。

×真情を察する→○心情を察する

「心情」は、単なる気持ち。「真情」は本当の気持ちのことで、「本音」に近い意味で使われている。「真情を吐露する」は、「本音を吐く」の格調を高めた表現といえる。

■熟語の変換ミスにご用心③

×異義を唱える↓○異議を唱える

「異義」は意味が異なるという意味で、「同音異義語」などと使う。一方、「異議」は異なる主張・意見のことで、「異議あり！」など。

×闘志を全面に出す↓○闘志を前面に出す

「全面」は、すべての面。「全面的な」「全面降伏」などと使う。一方、「前面」は、表という意味で、「前面に押し出す」など。

×用要のみ↓○要用のみ

手紙などで、用件のみを書いたことを詫びる言葉。文章の末尾に「取り急ぎ要用のみ」「先《ま》ずは要用のみ」などと使う。かつては、手紙はもっぱら手書きだったので、要と用がひっくり返るケースがよくあった。

×辞書を改定する→○辞書を改訂する

「改定」は、改めて新しく定めることで、「運賃改定」「条約改定」など。「改訂」は、ほぼ書物専用の言葉で、一部に手を加え、改め直すこと。「辞典を改訂する」など。

×波頭を越える→○波濤《はとう》を越える

「波濤」はうねりのある大波で、「万里の波濤を越えて」などと使う言葉。一方、「波頭」は、波の最も高く盛り上がったところ。

×豊潤な酒→○芳醇《ほうじゅん》な酒

「芳醇」は香りがよく、味もよいこと。「豊潤」は豊かで潤いがあるさま。酒は、香りも楽しむものなので、「芳醇」と形容するほうがふさわしい。

×好意に甘える→○厚意に甘える

「厚意」は思いやりのある心、「好意」は好きと思う心で、甘えるのは「厚意」のほう。

×時世に後れる→○時勢に後れる

「時世」は時代。「時勢」は、その時代の動きや情勢のこと。時代がダイナミックに動いているニュアンスを出すには「時勢」がふさわしい。

×六法を踏む→○六方を踏む

「六方」は、歌舞伎で、手足を大きく動かして歩く所作。一方、「六法」は刑法、民法などの六本の重要な法律のことで、「六法全書」などに使う言葉。

×相言葉→○合言葉

仲間内だけで通じるように、あらかじめ決めておく言葉。合図の言葉だから「合言葉」と書く。

×一率値上げ↓〇一律値上げ

どの商品も例外なく値段を上げることなので、同じ調子を意味する「一律」と書く。

×漂白の旅↓〇漂泊の旅

〇は、定住せず、さすらい歩く旅。漂白剤の「漂白」と変換ミスしないように。

×ご破産↓〇ご破算

今まで進めてきたことをすべてやめて、元に戻すこと。そろばんで、珠《たま》をすべて払って、ゼロの状態にすることから。

×関心を買う↓〇歓心を買う

人の機嫌をとること。うれしく思う気持ちを意味する「歓心」を使う。

×難行する↓○難航する

物事がうまく進まないこと。「難行」と書くと「なんぎょう」と読み、苦しい修行という別の言葉になる。

×人情が熱い↓○人情が厚い

人柄が温かくても、人情が熱をもつわけではない。

■熟語の変換ミスにご用心④

×優しい問題↓○易《やさ》しい問題

一方、やさしい性格は「優しい」と書く。

×土曜の牛の日↓○土用の丑の日

「土用」も「丑」も、比較的珍しい書き方なので、変換ミスに注意。

×苦心の後→○苦心の跡

「跡」は、何かが行われた様子を意味する。「あとをつける」も「跡をつける」と書く。一方、「後」は時間的な〝あと〟を意味することが多い。

×悪が強い→○灰汁《あく》が強い

「灰汁」が難読なので、「あくが強い」と書くことが多い。なお、変換では〝悪が強い〟と出ることもあるので注意。

×一矢乱れぬ→○一糸乱れぬ

「一矢」は「一矢報いる」に使う書き方。また、「一指」という書き方もあり、「一指も触れず」などと使う。

×一敗血に塗れる→○一敗地に塗《まみ》れる

「血塗れ」という書き方はあるが、この語は「地に塗れる」。

×（相撲の）追っつけ↓○押っつけ

「追っつけ」はまもなくという意味で、「追っつけ来るだろう」などと使う書き方。

■熟語の変換ミスにご用心⑤

×護摩をする↓○胡麻をする

「護摩」は真言密教の修法で、護摩木を焚いて息災を祈るもの。おべっかをつかう「胡麻をする」も、実際には「ゴマをする」とカタカナで書くことが多いが。

×内臓する↓○内蔵する

よくある変換ミスなので、ご用心のほど。

×蝶の触覚↓○蝶の触角

「触角」は細長い感覚器官。「触覚」は触った感覚。

×無常の雨→○無情の雨

「無常」は「諸行無常」などに使う言葉。

×事前の策→○次善の策

「事前」が先に出ることがあるので、変換ミスに注意。

×火中の人→○渦中の人

「火中の栗を拾う」は「火中」。

×過去を精算する→○過去を清算する

「精算」はお金関係に使う言葉。「交通費を精算する」など。

×作意の跡が見える→○作為の跡が見える

無作為、作為的は「作為」。一方、作意不明は「作意」を使う。

×実話を激化する→○実話を劇化する

一方、「激化の一途」や「対立が激化する」は「激化」を使う。

×校規を乱す→○校紀を乱す

一方、「校規に違反する」場合は、学校の規則という意味の「校規」を使う。

×向背地→○後背地

「向背」は従うことと背くことで、なりゆきという意味で、「天下の向背」などと使う書き方。

×（株価が）急進する→○急伸する

売り上げも「急伸」するもの。一方、「急進」は「急進的」「急進分子」などと使う言葉。

×信念を固辞する↓○信念を固持する

「固辞」と「固持」は、字面が似ているので、変換ミスに注意。「出馬を固辞する」は「固辞」。

×地中海就航↓○地中海周航

ぐるりとめぐる航海は、一周、二周の周を使って「周航」と書く。一方、「就航」は航路に〝就く〟こと。

×将棋の定石↓○将棋の定跡

一方、囲碁は「定石」と書く。なお「捜査の定石」など、比喩的に使う場合は、どちらを書いてもいいが、「定石」が使われることのほうが多い。

×標がない↓○知るべがない

漢字で書くと「知る辺がない」で、知り合いがいないという意味。なお、標《しるべ》（導とも書く）は、道しるべのこと。

△豪の者→○剛《ごう》の者

新聞社などのマスコミは、○のように書いている。古くは「強の者」とも書いた言葉。

×朴訥とした人柄→○朴訥《ぼくとつ》な人柄

「朴訥な」は、飾り気がなく、話が下手なこと。訥弁の「訥」が含まれるので、ただ素朴なだけではなく、話が下手という意味が含まれる。この言葉、「朴訥な」「朴訥にして」とはいうが、「朴訥と」や「朴訥として」とは使わない。

■書き間違いやすい基本の動詞

×もて遊ぶ→○玩ぶ　○弄ぶ　○もてあそぶ

「玩ぶ」「弄ぶ」という〝専用漢字〟があるので、「持てあそぶ」や「もて遊ぶ」と、一部だけを漢字にすることはできない。

×写真を引き延ばす↓〇写真を引き伸ばす

サイズを大きくする場合は「引き伸ばす」、時間に関しては「引き延ばす」を使う。「返済期間を引き延ばす」など。

×落とし入れる↓〇陥れる

「陥れる」という〝専用漢字〟があるので、「落とし入れる」と書くことはできない。「陥《おちい》る」は正しく使えても、「陥れる」は案外間違いやすい。

×胸が踊る↓〇胸が躍《おど》る

「おどる」には、「踊る」と「躍る」の二通りの書き方があり、わくわくするという意味のときは「躍る」を使う。「心が躍る」「血沸き肉躍る」など。

×穴を開ける↓〇穴を空ける

からっぽになるという意味のときは、「空ける」と書く。「家を空ける」「手を空ける」など。

×怪我が傷む↓○怪我が痛む

「いたむ」にはいくつか書き方がある。痛覚に関しては「痛む」。傷つく・損なわれるという意味のときは「傷む」（食べ物が傷むなど）。哀悼の意を覚えたり、表すときは「悼む」（亡き友を悼むなど）と書く。

×涙を押さえる↓○涙を抑える

涙は、手などで物理的に「押さえる」ものではないので、「抑える」と書く。一方、「目頭を押さえる」は、手で目を押さえる行為なので、「押さえる」と書く。

×相入れない↓○相容《い》れない　○相いれない

本来は「相容れない」と書くので、「相入れない」と書くことはできない。

△（部外者を）閉め出す→○（部外者を）締め出す

「締め出す」は、排除すること。一方、「閉め出す」は、扉を閉めて、物理的に中に入れないようにすること。

■変換候補からの選択に迷う動詞

×歴史を省みる→○歴史を顧《かえり》みる

反省、内省という意味があるときは「省みる」（自らを省みるなど）と書く。単に回顧する場合は「顧みる」（過去を顧みるなど）と書く。

×雲が沸く→○雲が湧く

「わく」という動詞にはいくつか書き方があるが、湯が沸くこと以外は、「湧く」と書くことが多い。実感が湧く、拍手が湧く、歓声が湧く、希望が湧く、降って湧くは「湧く」と書く。

×伺い知れない↓○窺い知れない

外からは知ることができないこと。「伺う」（訪ねる、尋ねる）わけではない。

×閉じ込もる↓○閉じ籠もる

「閉じ込める」など、「〜込める」という言葉はあるが、「〜込もる」と書く言葉は見当たらない。「こもる」は漢字では「籠もる」と書き、引き籠もる、身籠もる、口籠もる、山籠もりは、すべて「籠もる」と書く。

×悪霊を払う↓○悪霊を祓《はら》う

「はらう」は、一般的には「払う」と書くのだが、宗教関係の「おはらい」に関しては、「祓う」と書く。「お祓い」「穢《けが》れを祓う」など。

×先例に習う↓○先例に倣《なら》う

「真似る」という意味の場合は「倣う」と書く。「右に倣え」「先進国に倣う」など。

×本人の自覚に待つ→○本人の自覚に俟《ま》つ

「俟つ」は、事態の変化をじっとまつという意味を含む。「今後の研究に俟つ」など、「～にまつ」という言い回しでは「俟つ」と書くことが多い。ただし、難読なので、近頃はひらがなで「～にまつ」と書く。

×勇気を振るう→○勇気を奮う

「奮う」は勇み立つさま。「勇気を奮う」「最後の気力を奮う」などは、こちらの「奮う」を使う。

×不都合窮まる→○不都合極まる

「究める」「窮める」「極める」の使い分けは面倒だが、頂点に達するという意味のときに「極まる」を使うのは、区別がつけやすい。感極まる、失礼極まる、危険極まる、口を極める、混雑を極めるなど。

×押さえが利かない→○抑えが利かない

抑制する、抑圧するという意味のときは、「抑え」「抑える」と書く。「反対派を抑える」「怒りを抑える」「ヒット2本に抑える」など。

×作戦を懲らす→○作戦を凝《こ》らす

「凝らす」は、一つのものに、心などを集中させること。今は、大半の「こらす」を「凝らす」と書き、目を凝らす、息を凝らす、意匠を凝らす、趣向を凝らすなど。一方、「懲らす」は文語的な表現で、この形で使われることは少なくなっている。

×山に木霊する→○山にこだまする　○谺《こだま》する

呼べば返ってくる山びこは、「こだま」か「谺」と書く。一方、宮崎アニメの『もののけ姫』にも登場した「木霊《こだま》」は、木の精のことで、別の意味の言葉。

■変換候補からの選択に迷う形容詞・副詞①

×仕事ぶりが荒い→○仕事ぶりが粗い

「粗い」は、雑なことと、目があらい（笊《ざる》の目が粗いなど）ことの形容に使う書き方。一方、金遣いが荒い、人遣いが荒いなど、あらっぽいことは「荒い」と書く。

×暖かい人→○温かい人

気温以外のあたたかさは、「温かい」と書くことが多い。「心温まる」「温かみのある家庭」「温めていたアイデア」など。一方、気温・季節に関係する言葉は「暖かい」を使う。「暖かい季節」など。

×彼を置いて適任者はいない→○彼を措《お》いて適任者はいない

「措く」は、「置く」とは違う意味の言葉で、除く、さしおくという意味。「何はさて措き」（何をさしおいても）も、「措く」を使う。ひらがなで書いてもいいが、「置く」と書くのはＮＧ。

■変換候補からの選択に迷う形容詞・副詞②

×渋味のある演技→○渋みのある演技

「渋味」は、食べ物の「味」に関して使う書き方で、「渋味の強い柿」など。一方、「渋み」は、食べ物以外の全般に使う書き方。「渋みのある文章」「渋みのある色」など。

×絶えなる（笛の音）→○妙《たえ》なる（笛の音）

「絶えざる」とはいうが、「絶えなる」という言葉はない。一方、「妙なる」は見事な、絶妙なという意味。妙なる響き、妙なる調べなど、音楽関係に使うことが多い。なお、この語を「みょうなる」などと、妙《みょう》な読み方をしないように。

×変わり映えしない↓○代わり映《ば》えしない

大して変わらないさま。変化がないさまなのだが、「代わり映え」と書く。

×すべてに渡って↓○すべてに亘《わた》って

時間や場所など、ある範囲におよぶという意味のときは「亘る」と書く。「数日間に亘る」「細部に亘る」など。ただし、この「亘る」は、ひらがなで書くことが多い。

○全うな話　○真っ当な話

「全う」が先にあり、「真っ当」はその当て字。そのため、「全うな人生」「言うことは全うだ」と書いてもいいのだが、近年は「真っ当」を使う人が増えている。

×安々と難問を解く↓○易々と難問を解く

「安々」は平穏という意味で、「安々と老後を送る」などと使う言葉。

■書き方がむずかしい形容詞・副詞

×耐えざる努力↓○絶えざる努力

とぎれることのない努力のことであり、何かに耐えてする努力という意味ではない。

×寄って立つところ↓○依《よ》って立つところ

「依る」には、「あることを根拠とする」「ある場所を根拠地とする」という意味がある。

×惜しくは↓○惜しむらくは

「惜しむらく」は、惜しむ＋接尾語「らく」＋係助詞「は」という形で、「残念なことには」という意味。

×端切れがよい→○歯切れがよい

端切れは、余り布のこと。

×慎んで御礼申し上げます→○謹んで御礼申し上げます

「謹んで」は、「かしこまって〜する」という意味。一方、「慎んで」は、行動を控えめにして、おとなしくするという意味。謝辞やお悔やみなどを「申し上げる」のにふさわしいのは、「謹んで」のほう。

◉やってはいけない漢字の書き間違い①――COLUMN

次の言葉は、すべて誤った書き方。どこが間違いかわかりますか？

×誤ち	×氷りつく	×花を差す	×薄日が刺す
×注射を差す	×バスから下りる	×気遅れする	×故人を忍ぶ
×乳を絞る	×布を断つ	×川添いの道	×脈を見る
×浮き目にあう	×親不幸	×織り込みチラシ	×対抗車

○過ち
「誤り」という言葉はあるが、「誤ち」という語はない。

○注射を刺す
尖ったものでさす場合は「刺す」。

○乳を搾る
ミルクや菜種油などは「搾る」、タオルなどは「絞る」と書く。

○憂き目にあう
つらいこと。苦しい体験。「敗戦の憂き目にあう」など。

○凍りつく
「氷る」という動詞はない。

○バスから降りる
乗り物からおりる場合は「降りる」と書く。

○布を裁つ
「裁つ」は、ほぼ布地と紙専用の書き方。必要な寸法に切ること。

○親不孝
親に心配や迷惑をかけること。親を不幸にすることではない。

○花を挿す
「挿す」は、ほぼ花専用の書き方。「一輪挿し」など。

○気後れする
気がひるむことは「気後れ」と書く。

○川沿いの道
長いものにそう場合は「沿う」と書く。「海岸沿い」など。

○折り込みチラシ
一方、「織り込み済」は「織」を使う。

○薄日が射す
光関係は「射す」を使う。

○故人を偲ぶ
「忍ぶ」は我慢するという意味。

○脈を診る
「診る」は、医者にみてもらうときに使う。「病院で診てもらう」など。

○対向車
向かってくる車なので、「対向車」と書く。

◉やってはいけない漢字の書き間違い②——COLUMN

次の言葉は、すべて誤った書き方。どこが間違いかわかりますか？

×親の努め	×災難に合う	×悟す	×一環して
×未青年	×生け取り	×色が冷める	×成す術もない
×今だに	×気まじめ	×陰も形もない	×ご最も
×お頭付き	×露す	×預かり知らぬ	×結婚を薦められる

○親の務め
任務、義務という意味の場合は「務め」と書く。「国民の務め」など。

○災難に遭う
「遭う」は、災害や強盗など、事件事故にあうときの書き方。

○諭す
「悟る」という動詞はあるが、「悟す」はない。言いきかせるのは「諭す」。

○一貫して
最初から最後まで変わることなく。「○○の一環として」という書き方はある。

○未成年
成年に未だ達していないことなので、「未成年」。

○生け捕り
生きたまま捕まえることなので、「捕り」と書く。

○色が褪める
色に関しては「褪める」を使う。「青褪める」など。

○為す術もない
手段・方法（術）がないさま。

○未だに
「未だ」は「まだ」とも「いまだ」とも読む。

○生まじめ
気持ちがまじめなことだが、気まじめと書いてはダメ。

○影も形もない
「形」と対をなすのは「影」。

○ご尤も
道理に合っているさま。

○尾頭付き
尾と頭がついた状態なので、尾頭付き。

○露にする
「露す」という動詞はない。

○与り知らぬ
関知しないこと。

○結婚を勧められる
「薦める」は、人物や物を推薦するという意味。

◉やってはいけない漢字の書き間違い③——COLUMN

次の言葉は、すべて誤った書き方。どこが間違いかわかりますか？

×ネクタイを絞める

×役員を勤める

×かたずく

×決を取る

×鏡に写す

×花が臭う

×普及に務める

×水を酌む

×息咳切る

×絵を書く

×事務を取る

×受け負う

×暖房が利く

×昔を忍ぶ

×血液を取る

×食事を絶つ

○ネクタイを締める
帯をしめるも「締める」。首をしめるは「絞める」。

○役員を務める
任務を果たす場合は「務」を使う。

○かたづく
漢字で「片づく」と書いてもよい。

○決を採る
ほかに「社員を採る」(採用)、「昆虫を採る」(採集)も「採る」と書く。

○鏡に映す
一方、写真をうつすは「写す」と書く。

○花が匂う
いい香りのときは「匂う」、悪臭のときは「臭う」を使う。

○普及に努める
努力するという意味を含む場合は「努める」。

○水を汲む
「酌む」は、「酒を酌み交わす」など酒を器につぎ、飲む場合。

○息せき切る
本来は「息急き切る」と書くが、今は○のように書く。

○絵を描く
「描く」と書いて、「えがく」とも「かく」とも読む。

○事務を執る
「執務」という熟語があるように事務は「執る」もの。

○請け負う
〝仕事関係〟は下請け、元請け、孫請けも「請け」と書く。

○暖房が効く
暖房効果が上がるなど、効果がある場合は「効く」を使う。

○昔を偲ぶ
前述のとおり「忍ぶ」は「耐え忍ぶ」などに使う漢字。

○血液を採る
「採血」という熟語もあるように、血液は「採る」もの。

○食事を断つ
「断食」「断酒」という熟語があるように、食と酒は「断つ」もの。

◉やってはいけない漢字の書き間違い④――COLUMN

次の言葉は、すべて誤った書き方。どこが間違いかわかりますか？

×乗るか反るか

×接待付け

×塩だまり

×人並みが続く

×人出が足りない

×鍵鼻

×屋根を拭く

×仇同志

×新めて

×事の外

×引き語り

×収集がつかない

×花やかな

×気安め

×決め倒し決め出し

×発展を疎外する

○伸るか反るか
続けて打っても、間違って出ることがあるので注意。

○接待漬け
ほかに薬漬け、塩漬け、ぬか漬け、みそ漬けなどは「漬け」を使う。

○潮だまり
海関係の「しお」は「潮」を使うことが多い。「潮時」「潮風」など。

○人波が続く
人並みは「人並みに苦労する」などに使う書き方。

○人手が足りない
一方、大勢の客などを表すのは「人出」。

○かぎ鼻
漢字で書くと「鉤鼻」で、「鉤」は先の曲がった金属製の道具。

○屋根を葺く
「瓦葺き」など屋根関係は「葺く」と書く。

○仇同士
「同志」は同じ志をもつ人のこと。「同志が集まる」など。

○改めて
一方、あらたなは「新たな」と書く。×改たな。

○ことの外
漢字では「殊の外」と書く。

○弾き語り
ギターなどの弦楽器は「弾く」もの。

○収拾がつかない
物事を収めるときは「収拾」と書く。

○華やかな
華々しいも「華」を使う。

○気休め
「気安い」と混同しないように。

○極め倒し　○極め出し
相撲の技の名は「極め」を使う。

○発展を阻害する
疎外は「人間疎外」などに使う言葉。

◉やってはいけない漢字の書き間違い⑤——COLUMN

次の言葉は、すべて誤った書き方。どこが間違いかわかりますか？

×死に遅れる

×暗殺を図る

×歴戦の有志

×河川が侵食する

×一旦を担う

×都を移す

×貴方任せ

×稲が成長する

×後生に名を残す

×必死の状勢

×木っ葉微塵

×連携プレー

×不審を招く

×不詳の息子

×母の最後

×不適な面構え

○死に後れる
「時代後れ」「後れをとる」「気後れする」などは「後れ」を使う。

○暗殺を謀る
便宜をはかるは「図る」、委員会にはかるは「諮る」と書く。

○歴戦の勇士
「ゆうし」は変換候補が多いので、選択ミスに注意。

○河川が浸食する
水が削る場合はサンズイの「浸食」を使う。

○一端を担う
一旦は「一旦停止」、「一旦立ち止まる」などと使う。

○都を遷す
「遷都」という熟語もあるように、都は「遷す」もの。

○彼方任せ
阿弥陀仏にすべてを任せることが語源。

○稲が生長する
植物は生長、動物は成長を使う。

○後世に名を残す
一方、「後生おそるべし」は「後生」。

○必至の状勢
必至はかならずそうなるという意味。

○木っ端微塵
木の葉ではなく、木屑を意味する「木っ端」のほう。

○連係プレー
連携は「連携を保つ」などと使う言葉。

○不信を招く
一方、「不審に思う」は「不審」と書く。

○不肖の息子
氏名不詳は「不詳」。不承不承は「不承」。

○母の最期
亡くなる場合は「最期」を使う。「最期を迎える」など。

○不敵な面構え
「不敵」は、敵を敵とも思わないこと。

◉やってはいけない漢字の書き間違い⑥——COLUMN

次の言葉は、すべて誤った書き方。どこが間違いかわかりますか？

×抹消的	×成功の用件	×快速を飛ばす	×大統領の信書
×破壊僧	×極地戦	×驚異を感じる	×傷口が凝結する
×人生の帰路	×混線模様	×使命を制する	×助成を求める
×学術の新興	×獲物を手にする	×鉄道を付設する	×平坦な語り口

○末梢的
抹消は「消す」という意味で、「名前を抹消する」など。

○破戒僧
なお、島崎藤村の小説は『破戒』。

○人生の岐路
「岐路」は分かれ道、「帰路」は帰り道。

○学術の振興
一方、新興勢力、新興住宅地などは「新興」。

○成功の要件
用件は「用件をすませる」などと使う言葉。

○局地戦
極地は戦う場ではなく、探検する場→極地探検。

○混戦模様
「電話が混線する」は「混線」。

○得物を手にする
「得物」は得意とする武器という意味。

○快足を飛ばす
足が速いという意味のときは「快足」。

○脅威を感じる
一方、「驚異的」は「驚異」を使う。

○死命を制する
〝死命を征する〟とも書き間違えないように。

○鉄道を敷設する
「付設」は、付属して設けること。

○大統領の親書
元首クラスの手紙は「親書」と書く。

○傷口が凝血する
一方、水蒸気は「凝結」するもの。

○助勢を求める
助成金や研究助成は「助成」と書く。

○平淡な語り口
「平淡」はあっさりして、しつこくないこと。

Step4

慣用句、四字熟語を書き間違える人の共通点

1　慣用句の〝落とし穴〟に気をつけよう

■慣用句の書き間違いポイント①

×決まりが悪い→○極《き》まりが悪い　○きまりが悪い

なんとなく恥ずかしく、落ちつかないこと。「極《き》まり」が常用漢字表外の読み方であるため、マスコミでは「きまり」と、ひらがなで書くことが多い。

×油が乗る→○脂が乗る

動物性の「あぶら」は「脂」と書き、「あぶらが乗る」のは、マグロなどの生き物なので「脂」を使う。比喩的に、芸や腕前が円熟していることの形容に使い、「脂が乗った芸」など。

×長の別れ↓○永《なが》の別れ

「永の〜」と「長の〜」は、読み方は同じだが、意味は違う。「永の〜」を使うと、死に関する意味が生じ、「永の別れ」は死に別れ、「永い眠りにつく」は息をひきとるという意味。一方、「長の」は「長の道中」（長い旅路）、「長の暇（いとま）」（仕事を辞める）など、死とは関係ない場合に使う書き方。

×無しの礫↓○梨の礫《つぶて》　○なしのつぶて

投げた礫（小石）が戻ってこないように、連絡しても返信がこないこと。「無し」と「梨」をかけた言葉だが、「無し」と書くと間違いになる。

×旧に服する↓○旧に復する

もとへ戻ることで、「復する」と書く。「服する」は従う、服従するという意味で、「命令に服する」などに使う書き方。

×想像するに堅くない→○想像するに難くない

想像するのは、それほど〝難しくはない〟という意味なので、「難くない」と書く。固い、硬い、堅いの使い分けは、玄人の書き手でも毎回悩むくらい難しいので、すべてひらがなで書くと決めておくのも一法。ただし、その場合でも、「難い」だけは意味が違うので、漢字で書いたほうがいい。

×風見鳥→○風見鶏

屋根につけた鶏の飾りが、風向きによってくるくる回ることから、有利なほうにつこうと、形勢をうかがう者のたとえ。「鶏」に模した飾りなので「風見鶏」と書く。

×もぬけの空→○もぬけの殻

「もぬけ」はセミやヘビが脱皮することで、「もぬけのから」はその脱け殻のことなので、「もぬけの殻」と書く。相手が逃げ去ったあとの様子などを表す。

■慣用句の書き間違いポイント②

×現に戒める→○厳に戒める

「げんに」には、二通りの書き方がある。「厳に」は厳しく妥協を許さないさまで、「厳に慎む」など。「現に」は事実であることを意味し、「現に見た人がいる」などに使う書き方。

×箇にして用を得る→○箇にして要を得る

簡潔で、ポイントがよくまとまっていること。「要領を得ている」ので「要を得る」と書く。

×灯台元暗し→○灯台下《もと》暗し

身近なことは、かえってわかりにくいことのたとえ。この「灯台」は、岬に立つ灯台ではなく、室内用の灯を乗せる台のこと。その真下は陰になって暗いことから、「下暗し」と書く。

×盛って瞑すべし↓○以《もっ》て瞑すべし

そのことを〝以て〟死んでも満足という意味で、「以て」と書く。なお、「瞑す」は目を瞑ることで、すなわち「死ぬ」という意味。

×寄りを戻す↓○縒《よ》りを戻す

縒った糸をもとに戻すように、関係をもとに戻すことから、「縒り」と書く。

×腸がよじれる↓○腹がよじれる

ひじょうに、おかしいさま。「腸」を使う言葉には、「腸が煮えくり返る」「腸に染みる」「腸が腐る」(精神が腐っている)「腸がちぎれる」(我慢できないほどの怒りや悲しみを感じる)などがあり、いずれも「はらわた」と読む。「腹」と間違えないように。

×遠攻近交の策↓○遠交近攻の策

遠くの国と友好関係を結び、背後からも牽制することによって、近くの国を攻めるという策。中国古代の戦国時代に説かれた外交策で、出典は『史記』。続けて打てば、正しく出る。

×目鼻が利く↓○目端《めはし》が利く

「目鼻」と「目端」と「目星」の3つは、混同しやすいので注意。まず、「目鼻がつく」は大筋できあがること。「目端」は眼力のことで、「目端が利く」はすばやく適切に判断する能力があるさま。「目星がつく」は、おおよその見当がつくこと。

×四界波静か↓○四《し》海《かい》波《なみ》静か

天下がよく治まり、平和であることのたとえ。四方の海が波立たず、おだやかであることにたとえた言葉なので、「四海」と書く。

×一切ならず→○一再《いっさい》ならず

一度や二度ではなく、繰り返し何度も同じことをするさま。もっぱら、ネガティブな意味に使われ、「一再ならず、警官の注意を受ける」などと使う。

×両手を挙げて→○諸手《もろて》を挙げて

「無条件に」という意味で、「諸手を挙げて賛成する」など。「諸手」は両手という意味だが、「両手を挙げて」と言い換えることはできない。

×熱物に懲りて膾を吹く→○羹《あつもの》に懲りて膾《なます》を吹く

「羹」は、熱い汁物のこと。その熱さに懲りた者は、冷たい「膾」(魚などを酢にひたした料理)でさえ、ふうふう吹いて食べるという意味。

×袖振り合うも多少の縁→○袖振り合うも他生の縁

「他生の縁」は、前世からの因縁のことで、○は、わずかな出会いでも、前世からの縁に違いないという意味。

■慣用句の書き間違いポイント③

×受けに入る→○有卦《うけ》に入る

陰陽道《おんみょうどう》で幸運が七年間続くことがすべてうまくいっている状態。「有卦」は、「はいる」でなく、「いる」と読む。くという年回りのこと。「入る」は「はいる」でなく、「いる」と読む。

×頭に乗る→○図に乗る

調子にのったり、つけあがるさま。「図」は、たくらみや企画のことで、事態が思惑どおりに進み、勢いに乗っているという意味から。

×青二歳→○青二才

歳が若く、経験の浅い男性を嘲っていう言葉。年齢表記は「歳」を使うのが正式だが、この場合は「才」が正しい。この「二才」が「二才魚」という、ボラなどの幼魚の名に由来するため。

×有頂点↓○有頂天

得意満面なさま。「有頂天」は、もとは仏教用語で、最上天である非想非非想天《ひそうひひそうてん》のこと。そこにたどりついた者は、それ以上ないほど幸福とされることから生まれた言葉。

×大見栄を切る↓○大見得を切る

自分をよく見せようと、力を誇示する態度をとること。「見得」は歌舞伎で、高揚した場面で用いる演出。「大見得を切る」で、際立って派手なポーズをとることをいい、そこから一般社会でも比喩的に使われるようになった言葉。

×笠にかかる↓○嵩《かさ》にかかる

優勢に乗じて攻めかかること。「嵩」は物の大きさ、高いところのほか、威厳、貫禄といった意味もある。一方「笠」を使う慣用句は、権威者の威を借りる「笠に着る」。

×長口舌↓○長広舌《ちょうこうぜつ》

熱心に、長々と話し続けること。語源は、仏教の吉相の一つで、広くて長い舌を持つ「広長舌相」。そこから、「広長舌」で巧みなしゃべりを表すようになり、後に「広長舌」から「長広舌」に文字順が逆転した。

×ご多聞にもれず↓○ご多分にもれず

例外なくという意味。多数の意見を意味する「ご多分」と書くのが正しい。

×獅子心中の虫↓○獅子身中の虫

組織の中で害をなすもの。「獅子の体内に寄生する虫」という意味から「身中」と書く。

×身入りがいい↓○実入りがいい

収入がいい、儲けが多いさま。「実入り」は、もとは収穫期の穀物の実の入り具合を表す言葉。〝身に入る〟わけではない。

△実も蓋もない↓○身も蓋もない

あからさまであるさま。入れ物（身）に入っていないし、蓋もされていないため、むきだしという意味。「実も蓋もない」も間違いではないが、「身も蓋もない」と書くのが一般的。

×お首にも出さない↓○噯《おくび》にも出さない

隠していることを口にせず、それらしいそぶりもみせないこと。「噯」は「げっぷ」のこと。

×位人身を極める↓○位人臣《くらいじんしん》を極める

最高の官位につくこと。ただし、最高位ではあっても、帝の臣下ではあるので、「人臣」と書く。単に「位を極める」ともいう。

■慣用句の書き間違いポイント④

×形にはまる→○型にはまる

常識やしきたりに沿いすぎていることで、「型にはまったアイデア」など、新鮮味がないというネガティブな意味で使われる。漢字では「型に嵌《は》まる」と書く。

×鼻にもかけない→○洟《はな》にも引っかけない

眼中におかず、相手にしないという意味。「洟」は鼻水のことで、この語では「洟」と書くのが正解。「鼻にかける」（得意気な様子でいばる）という言葉はあるが、「鼻にもかけない」は×。

×会うは別れの初め→○会うは別れの始め

人が会えば、かならず別れのときが来るという意味で、「始め」と書く。仏教語の「会者定離《えしゃじょうり》」に由来する言葉で、いわばその〝日本語訳〟。

×噂をすれば陰↓○噂をすれば影

人の噂をしていると、その本人が来ることがよくあるという意味。噂をしていると、当人の影が差すという意味なので、「影」を使う。

×灯下親しむべし↓○灯火親しむべし

秋の夜長は、本を読むのに最適であるという意味。秋の夜長、読書するには「灯火」になれ親しむことが必要なことから。

×猫婆↓○猫糞

猫が糞をしたあと、砂や土をかけて隠すことから、拾ったり預かったりした金品を自分のものにしてしまうこと。

×目に青葉　山時鳥　初鰹↓○目には青葉　山時鳥《ほととぎす》　初松魚《がつお》

山口素堂の句。原句では、カツオを「松魚」と書いている。また、「目に青葉」

ではなく、「目には青葉」であることにも注意。俳句や和歌を引用するときは、細部まで正確に。

×入会の鐘↓○入相《いりあい》の鐘

「入相」は夕方、「入相の鐘」は、寺院で夕方のお勤めの合図につく鐘のこと。「入相一里」（旅では、入相の鐘が鳴っても、まだ一里は歩けるという意味）という言葉もある。

×焚書抗儒↓○焚書坑儒

学問を弾圧すること。秦の始皇帝が書物を焼き捨て、儒者を〝穴埋め〟にしたことに由来し、「あな」という訓読みがある「坑」を使って「坑儒」と書く。続けて打っても、正しく出ないことがあり、分けて打つうち、間違いやすい四字熟語に。

×掻き入れ時↓○書き入れ時

商店などで、最も利益の多い時期。「帳簿の書き入れに忙しい」ことから。

△絵に描いた餅→○画に描いた餅

実際には役立たないこと。「絵に描いた」でも間違いではないが、「画餅」という言葉があるので、「画に描いた」と書くほうがしっくりくる。

■その動詞の書き方が問題になる慣用句

△虚を突く→○虚を衝く

相手の油断や無防備なところをつき、攻撃すること。この語をはじめ、「弱点を衝く」「急所を衝く」「天を衝く」「雲を衝く」などの成句は「衝く」と書くことが多く、「突く」と書くと間違いになることが多い。

×底を尽く→○底を突く

蓄えてあるものがなくなるさま。容器から取り出そうとしても、容器の底を〝突く〟ように探ることになるという意味で、これは「突く」と書く。「食料が底を突く」など。

×押して知るべし→○推して知るべし

「推し量ればわかるはず」という意であり、推察するという意味の「推して」と書く。

×意に解さない→○意に介さない

まったく気にしないという意味。「介す」には「間にはさむ」という意味があり、「意に介さない」は、心にはさむことが何もないという意味。

×二の句が告げない→○二の句が継げない

「二の矢が継げない」との混同にも注意。

×釜をかける→○鎌をかける

誘いをかけて、相手に事実や本音を言わせること。

×牙を向く→○牙を剥《む》く

今まではおとなしくしていた力の強い者が、獰猛さを露にし、攻撃しようとするさま。この言葉を〝弱者が歯向かう〟という意味に使うのは、誤用。

×任に耐えない→○任に堪えない

任務を務めることができないこと。「堪えない」と「耐えない」の使い分けは厄介だが、「～にたえない」の形は、おおむね「堪えない」と書くと覚えておくといい。「寒心に堪えない」「憤慨に堪えない」「見るに堪えない」「憂慮に堪えない」など。

×風雪に堪える→○風雪に耐える

風と雪を苦難にたとえ、試練や苦難に耐えること。なお、「重圧に耐える」と「悲しみに耐える」も「耐える」を使う。

×ほとぼりが覚める↓○ほとぼりが冷《さ》める

「ほとぼり」は、漢字では「熱り」と書き、余熱のこと。比喩的に、冷めない感情や世間の関心という意味で使う。ほとぼりが熱に関係する言葉なので、「冷める」と続ける。

×羽根を延ばす↓○羽根を伸ばす

窮屈な状態から開放されるさま。伸び伸びとふるまうことであり、「伸ばす」と書く。「上司の休暇中に羽根を伸ばす」など。

×降って沸いたような↓○降って湧いたような

「天から降る」と「地から湧く」を合わせた言葉であり、「湧いたような」と書くのが正しい、突然現れる、突然生じる、という意味。

×事と次第に寄っては↓○事と次第に依っては

物事のレベルや重要性などに〝依って〟、判断などが変わるという意味で、漢字では「依っては」と書く。「よっては」と打つと「寄っては」と出やすいので注意。

×惚れた晴れた↓○惚れた腫れた

「腫れた」は、言葉の調子をよくするため、「惚れた」に続けた言葉。「惚れた腫れたと大騒ぎする」など。「晴れた」では、シャレ言葉として面白みに欠ける。

△軍門に下る↓○軍門に降《くだ》る

「降参」という意味をはっきりさせるため、「降る」を使うほうが、この成句にはふさわしい。

×膝を付き合わす↓○膝を突き合わす

互いの膝が触れ合うほどに、近くに寄るさま。この場合は、「突き合わす」と書くのが正しい。

×先んずれば人を征す↓○先んずれば人を制す

物事は、先手をとれば、有利に進められることが多いという意味。出典は『史記』で、「先んずれば則ち人を制す」とあるので、「先んじれば」というのも厳密にいうと間違い。

×障らぬ神に祟りなし↓○触らぬ神に祟《たた》りなし

神と関わりをもたなければ、災いを受けることもないことから、よけいな手出しはするなという意味。関わりをもたないという意味の「触らぬ」と書くのが正しい。

■間違いが先に変換候補になりやすい言葉

×晴天の霹靂↓○青天の霹靂《へきれき》

分けて打つと、たいていは「晴天」が先に出てくるので注意。○は、晴れた日に突然起こる雷のことで、そこから突然の大事件を意味する。また、「青天白日」

も、同様に「晴天」が先に出やすいので注意。こちらは「青天白日の身となる」（無罪が明らかになること）などと使う言葉。

×毒を盛って毒を制す↓○毒を以て毒を制す

悪をおさえるため、悪を用いることのたとえ。毒に関係するため、〝賢いソフト〟ほど「毒を盛って」と変換するので、注意のほど。

×一転の曇りもない↓○一点の曇りもない

空に一つの雲もないことから、後ろ暗いことがまったくないという意味。「いってんの」と打つと、「一転の」が先に出ることが多いので注意。「一天の曇りもない」という誤記も見かける。

×酒食にふける↓○酒色にふける

「酒色」は酒と遊興、「酒食」は酒と食事で、「ふける」のは酒色のほう。酒食が先に出ることが多いので注意。酒食は「酒食をともにする」などと使う言葉。

×有名を轟かせる↓○勇名を轟かせる

勇ましい人物として広く名前を知られること。おおむね、「有名」が先に出るので、変換ミスに注意。

×一端緩急あれば↓○一旦緩急あれば

ひとたび緊急事態が起これば、という意味。「いったん」の変換ミスに注意。

×好守所を変える↓○攻守所を変える

攻める側と守る側の立場が変わることなので、「攻守」と書く。

×始末に終えない↓○始末に負えない

続けて打っても、正しく出ないことが多い。また、「始末」と「おえない」を分けて打つと、「終えない」が先に出て誤変換しやすい。意味は、処理できないこと。

×創業は易く守勢は難し↓○創業は易く守成《しゅせい》は難し

事業を新しく始めるよりも、できあがった事業を引き継ぎ、守っていくほうが難しいという意味。「しゅせい」と打つと、「守勢」が先に出ることが多い。

×片身が狭い↓○肩身が狭い

世間に対して面目が立たないさま。「かたみ」と打つと、「片身」や「形見」が先に出ることが多いので、注意。

■同音異義語に変換ミスしやすい言葉

×鋭気を養う↓○英気を養う

「鋭気」は鋭い気勢のことで、「敵の鋭気をくじく」などと使う語。一方、「英気」は元気、働こうとする気力を意味する言葉。「英気を養う」は、休みをとって労働意欲を取り戻すという意味。

×機運が高まる→○気運が高まる

「気運」は世間などの気分によって上がり下がりするもの。一方、「機運」は時機のよしあしのことであり、到来はするが、アップダウンするものではない。

×壮途を抱く→○壮図《そうと》を抱く

「壮図」は壮大な計画、「壮途」は勇ましい門出のことで、「壮図を抱く」は壮大な計画を胸に抱くこと。一方、「壮途」は「壮途に就く」などと使う言葉。

×浅慮の一失→○千慮の一失

どんな賢者でも、多くの考え（千慮）のうちには、一つくらいの間違い（一失）はあるという意味。一方、「浅慮」は、考えが浅いという意味の別の言葉。

×正否は問わない→○成否は問わない

「成否」は成功と失敗で、○は「できるか、できないかは問わない」という意味。

一方、「正否」は正しいか否かで、「正否を明らかにする」などと使う、別の意味の言葉。

×年期が入る→○年季が入《はい》る

年季奉公の「年季」を使う。「年季が入った腕前」など。意味は、長年、一つのことを続けて熟練しているさま。

×過酷すぎる→○苛酷すぎる

「過酷」や「過大」など、「過」のつく熟語と「すぎる」（過ぎる）を一緒に使うと、重複表現になる。「過酷すぎる」は「苛酷すぎる」と書き換えるのが、玄人のワザ。

×懇々と眠る→○昏々《こんこん》と眠る

「こんこんと」には、三通りの書き方がある。「昏々と」は意識がないさま。「滾々と」は水が湧き出るさま。「懇々と」は心を込めて説くさまで「懇々と諭す」などと使う。

×命に別条はない↓○命に別状はない

命にはかかわらないこと。なお、「別条」は、「別条なく暮らす」（ふだんと変わりなく暮らすこと）などと使う別の言葉。

×精魂尽きる↓○精根尽きる

「精魂」は、たましいや精神のことで、「精魂込める」や「精魂傾ける」はこちらを使う。一方、「精根」は精力と気力のことで、「精根尽きる」「精根を使い果たす」はこちら。

×人語に落ちない↓○人後に落ちない

人に〝後れ〟をとらないという意味なので、「人後」と書く。出典は、李白の漢詩。

×最大漏らさず↓○細大漏らさず

小さなことから、大きなことまで全部。「最大」と書くと、大きなものだけ漏らさないという意味になってしまう。細かいものと大きなものを意味する「細大」と書いてこそ、意味が成立する。

×一睡の夢↓○一炊の夢

人生のはかなさのたとえ。飯を炊く間に、栄枯盛衰の夢を見たという中国故事から。

×多寡が知れている↓○高が知れている

たいしたことはないという意味。程度を表す「高」を使う。

2 正しく書けてこそ四字熟語

■二文字ずつ分けて打つと間違う四字熟語

×決戦投票→○決選投票

選挙で選ぶことなので、「決選」と書く。続けて打つと正しく出るが、分けて打つと、「決戦」が先に出て、間違いやすいので注意。

×挙動不信→○挙動不審

「挙動不審」は、行動や身ぶりが不自然で、怪しいさま。犯罪の疑いがあるときに使うことが多い。なお、「政治不信」は「不信」を使う。

×小数意見↓○少数意見

〝数が少ない意見〟のことなので、「少数」を使う。

×水陸両様↓○水陸両用

水と陸の両方で用いることなので「両用」と書く。一方、「和戦両様」は、和解と開戦のどちらにも対応できるような姿勢のことなので「両様」と書く。「和戦両様の構え」など。

×速成栽培↓○促成栽培

「促成栽培」は、通常の栽培法よりも、早く生長させる栽培法。人工的に生長を促すので、「促成栽培」と書く。「速成栽培」と誤記しても、意味が成立するため、間違いやすい。

×轟音一発↓○号音一発

「轟音」は大きく轟く音、「号音」は合図の音。駅伝やマラソンなどでは「号音一発、選手たちはスタート」していくもの。

×協同募金↓○共同募金

「共同」と「協同」はほぼ同じ意味で、どちらを使うかは、言葉ごとに覚えるしかない。共同体、共同利用、共同作業は「共同」、生活協同組合、産学協同は「協同」と書く。

×選任講師↓○専任講師

「専任」は、かけもちではなく、その仕事だけを担当すること。教授会などで選任されるわけではあるが、「選任講師」とは書かない。

×損害保証↓○損害補償

「損害補償」は、与えた損害を金銭的に償うこと。一方、「保証」も、「元本保証」など、金銭がらみで使うことがあるので、使い分けに注意。

×定期講読↓○定期購読

「講読」は、意味を解きあかしながら読むことで、「講読会」などと使う。一方、「購読」は、書籍、新聞などを買って読むこと。

×土地収容↓○土地収用

「収用」は、公共事業のために、土地などを取り上げること。「土地収用法」など。一方、「収容」は、人などを一定の場所に入れることで、「収容人員」「収容能力」など。

×冬期五輪↓○冬季五輪

辞書的には、「冬期」は冬の時期、「冬季」は冬の季節を表すなどと説明されるが、現実的には、一つずつ覚えるしかない。オリンピックは「冬季」「夏季」を使う。

×徹底交戦↓○徹底抗戦

最後まで戦い抜くこと。「こうせん」は変換候補が多い言葉で、戦い関係だけでも、「交戦」「抗戦」「好戦」の使い分けに注意。「交戦国」「最後まで抗戦する」「好戦的」などと書き分ける。

×民生移管→○民政移管

「軍政」の対義語である「民政」を使う。一方、「民生」は、民の生活・生計のことで、「民生委員」「(役所の)民生局」など。

×路地栽培→○露地栽培

「露地」は、地面、地上のこと。「覆いのない、露な土地」という意味。路地(細い道、小道)で栽培するわけではないので、「露地栽培」と書く。

■続けて打つのはキケンな日本語

×加熱気味→○過熱気味

○は「熱くなり過ぎている」という意味なので、「過熱」と書く。一方、「加熱処理」は熱を加えることなので、「加熱」を使う。辞書に載るような四字熟語でないと続けて打っても誤変換される場合があるので注意。

×実態経済→○実体経済

生産・消費など、経済の実体面という意味なので、「実体」と書く。一方、語順が逆転して、「経済実態」となると「実態」を使う。

×権限移譲→○権限委譲

権限を「委ねる」ことは「委譲」と書く。一方、権利は「移譲」と書くことが多い。

×各戸撃破→○各個撃破

「各個」はひとりひとり。「各戸」は一軒一軒。家を撃破するわけではないので、「各個撃破」と書く。

×戸別折衝↓○個別折衝

これも、前項と似ていて、「戸別」は家ごと、「個別」は一つごと、一人ごと。家ごとに折衝するわけではないので、「個別折衝」と書く。

×撮影器材↓○撮影機材

「機材」は機械と材料、「器材」は器械と材料のこと。撮影には、大型の機械も使うので、「機材」と書く。

×適正検査↓○適性検査

「適性」は適した性質。「適正」は適当で正当なことで、「適正価格」「適正速度」などと使う。なお、「敵性」という言葉もあり、敵とみられるような性質のこと。「敵性国家」など。

×電子基盤↓○電子基板

「基板」は、電気回路が組み込まれている板。一方、「基盤」は、基礎となる土台のことで、「生活基盤」「強固な基盤」などと使う。

×定期検診→○定期健診

健康診断の略なので、「健診」と書くのが正しい。

■パソコンで打ち間違いやすい四字熟語①

△意気洋々→○意気揚々

「意気揚々」は、得意になって威勢がよいさま。「意気洋々」とも書くが、一般的ではない。なお、「前途洋々」は「洋々」を使う。辞書に載るようなオーソドックスな四字熟語の場合、続けて打てば正しく出るはずだが、二字ずつ分けて打つと間違いやすい。

×青色吐息→○青息吐息

「青息」は苦痛を我慢できない息、「吐息」はため息のこと。合わせて、苦労や心痛のために吐く息。『桃色吐息』というかつてのヒット曲の影響か、「青色吐息」と誤る人も。

×一身同体↓○一心同体

「一心同体」は、複数の人間が、心を一つにして行動すること。身も心も同じという意味だが、「身」とは書かない。また「一心不乱」も、一身不乱と書かないように。

×一騎当選↓○一騎当千

「一騎当千」は、一人で千人もの敵に当たれる（立ち向かえる）ほどの能力があること。「とうせん」と打つと、おおむね「当選」と出るので、誤変換に注意。

×易易諾諾↓○唯唯諾諾《いいだくだく》

「唯唯諾諾」は、他人のいいなりになること。「易易」は「たやすくできる」という意味なので、易易諾諾では意味が成立しない。

×異句同音↓○異口同音

「異口同音」は、多くの人の意見が一致すること。「口は違うのに、同じことを言う」という意味なので、「異口」と書く。

×一連托生↓○一蓮托生

「一蓮托生」は、どんな結果であれ、行動をともにすること。仏教思想から、「ともに蓮の花の上に生まれ変わる」という意味であり、「蓮」を使う。

■パソコンで打ち間違いやすい四字熟語②

×脅迫観念↓○強迫観念

考えまいと思っても、頭から離れない考えのこと。これも、分けて打つと、先に「脅迫」が出てくるので、打ち間違いやすい。

×厚顔無知↓○厚顔無恥
図々しく恥知らずなこと。恥を恥とも思わない「無恥」を使うのが正しい。

×興味深深↓○興味津々
ひじょうに興味が深い様子。多量にあふれる様子を意味する「津々」を使う。

×自我自賛↓○自画自賛
自分を自分でほめること。パソコンで「じが」と打つと、最初に「自我」が出てくることが多いので、「自我自賛」と打ち間違いやすい。

×諸行無情↓○諸行無常
すべてのものは変化し、永久不変なものはないこと。「無情」を選ばないように。

×進出鬼没↓○神出鬼没
神のように現れ、鬼のように消えるように、行動が自由で、居所の予測がつかないこと。「しんしゅつ」と打つと、たいていは「進出」と出るので注意。

×責任転化↓○責任転嫁

自身の責任を人になすりつけること。他人におしつけるという意味の「転嫁」を使う。

×速戦速決↓○速戦即決

短時間で物事の決着をつけること。「その場でただちに」という意味の「即」を使うのが正しい。

×心気一転↓○心機一転

何かをきっかけにして心持ちが変わること。「心気」と打ち間違えないように。

×出所進退↓○出処進退

その地位を退くかどうか、という身の振り方のこと。「しゅっしょ」と打って変換すると、「出所」が先に出ることが多いので注意。

×朝礼暮改↓○朝令暮改

朝に出した命令を夕方（暮）には改めるほどに、方針が定まらないこと。「朝に出す命令」のことなので、「朝礼」ではなく、「朝令」と書く。

×独断先行↓○独断専行

一人で判断し、勝手に行うこと。「せんこう」と打って変換すると、「先行」や「専攻」が出てくるので注意。

■パソコンで打ち間違いやすい四字熟語③

×不和雷同↓○付和雷同

意見や主義もなく、簡単に人の説に賛成すること。「付和」には、「他人の意見にあいづちを打つ」という意味がある。

×不倒不屈→○不撓《ふとう》不屈

困難があっても、意志を強くもつこと。「撓む」で「たわむ」と読み、「不撓」はたわまないこと。意味は通じそうでも、「不倒」と書いてはダメ。

×孤立無縁→○孤立無援

独りになり、まわりの助けを得られないさま。無関係の「無縁」ではなく、援助してもらえない「無援」が正解。

×終止一貫→○終始一貫

主義や態度が最後まで変わらないこと。始まりから終わりまでという意味の「終始」が正しい。なお、「弁解に終始する」「終始、沈黙する」も「終始」と書く。

×上位下達→○上意下達

上の者の意思を下位の者によく伝えること。「上位」の者の気持ちではあるが、

「上位下達」とは書かない。

×心身耗弱↓○心神耗弱《こうじゃく》

精神状態が弱り、物事の善悪の判断がつかない状態。「しんしん」と打つと「心身」や「身心」が出るので変換ミスに注意。また、「消耗」は今では「しょうもう」と読むが、「耗」は本来は「こう」と読む漢字で、「耗弱」にはその読み方が残っている。

×百家繚乱↓○百花繚乱

すぐれた人物・業績が次々と世に現れること。さまざまな花が咲き乱れることにたとえた言葉であり、「百花」と書く。一方、「百家争鳴」は、多数の学者や論者(百家)が持論を展開し、論争し合うさまで、「百家」と書く。

×無念夢想↓○無念無想

心に何の考えも邪念もないこと。「むそう」と打つと「夢想」や「無双」とも出るので、変換ミスに注意。なお、「夢想家」は「夢想」と書く。

×無位無冠→○無位無官

官位のないことなので、「無官」と書く。一方、「無冠の帝王」は「無冠」と書く。スポーツ新聞などでは、「タイトルを取ったことのない選手」という意味で、〝無位無冠〟とシャレて書くことはある。

×門戸解放→○門戸開放

出入りを自由にすること。門や戸、港や市場を「開け放つ」ことなので、「開放」を使う。

■手書きだと書き間違いやすい四字熟語

×虚心担懐→○虚心坦懐

「虚心坦懐」は、素直な気持ちで物事にのぞむこと。「平ら」という意味の「坦」

を使うのが正しい。形が似ている「担（担う）」ではないので注意。

×弧軍奮闘↓○孤軍奮闘

誰の助けも受けずに、一人で戦うこと。「孤立」の「孤」と、弓形に曲がった形を意味する「弧」（偏が違う）を混同しないように注意。

×快刀乱魔↓○快刀乱麻

複雑な問題を見事に処理すること。もつれた麻を刀で断つように乱れをとくことから、「麻」と書くのが正しい。

×勧善徴悪↓○勧善懲悪

小説や芝居などで、善を勧め、悪を懲らしめること。「徴」を使うのは誤り。

×軽重浮薄↓○軽佻浮薄

言動が軽薄な様子。「佻」には「かるい」という訓読みがあり、「軽々しくあさはか」という意味。

×金城湯地↓○金城湯池《とうち》
守りが堅い自らの勢力範囲のこと。「金城」は堅固な城、「湯池」は熱い湯の入った堀を意味する。

×虎視坦坦↓○虎視眈眈《たんたん》
じっと機会を待ち、狙うこと。「眈眈」は、野心をもって機会を狙う様子を表す。

×天心爛漫↓○天真爛漫
無邪気でありのままであることなので、「純真で飾り気がない」という意味の「天真」を使うのが正解。

×天地神命↓○天地神明
天と地の神々のこと。「神命」と書くと「神々の命令」という意味になってしまう。

▼まだまだあるゾ！ 打ち間違い注意の日本語――COLUMN

×成長課程↓○成長過程……一方、教職課程、博士課程には「課程」を使う。

×会計鑑査↓○会計監査……一方、「作品を鑑査する」は「鑑査」と書く。無鑑査作品など。

×既製政党↓○既成政党……既製服、既製品は「既製」。既成概念、既成事実は「既成」。

×賃金大系↓○賃金体系……日本史大系は「大系」。

×台風一家↓○台風一過……続けて打っても、正しく出ないことがあるので注意。

×製造行程↓○製造工程……「行程」は目的地までの道のりのこと。「二日の行程」など。

×直系卑俗↓○直系卑属……「卑属」は、子・孫・おい・めいなどのこと。

《特集》意味を間違って覚えている日本語

●その意味、言えますか――基本編

□顎で蠅を追うような

「横柄な態度」という意味ではない

体力がすっかり衰えたさま。顔にとまった蠅を手で追うこともできず、顎をかすかに動かすだけという意味。だから、「顎で蠅を追うような、横柄な態度」などとは使えない。横柄なという意味で誤用する人がいるのは、「人を顎で使う」と混同してのことか。

□雨模様

「降ったりやんだり」という意味に使うのは誤用

「今にも雨が降りだしそうな様子」のことであり、まだ雨が降っていないときに使う言葉。だから、「降ったりやんだりの雨模様の一日」などというのは、誤用。ただし、「小雨が降ったり止んだりする」という意味に使う人が増え、慣用に近づきつつはある。

□**雨後の筍《たけのこ》**

「どんどん伸びる」という意味で使うのは間違い

雨が降ったあと、筍が地中から次々と現れるように、「同じものが次々と現れる」という意味。だから、「雨後の筍のように成長する」などと、どんどん伸びるという意味で使うのは間違い。

□**いいことだらけ**

「〜だらけ」をポジティブに使うのは誤用

「〜だらけ」は、血だらけ、しわだらけ、間違いだらけのように、好ましくないことに使う言葉。ところが、テレビ番組で『女だらけの水泳大会』などと使われはじめてからか、いいことにも使う誤用が増えた。正しくは「いいことずくめ」で、「〜ずくめ」は、嘘ずくめ、結構ずくめのように、いいことにも悪いことにも使える言葉。

□**タッチの差で勝つ**

勝ったときには使えない言葉

「タッチの差」は、「タッチの差で敗れる」など、負けたときに使う言葉。わずかに勝つ場合は「僅差で勝つ」「辛勝する」といえばよい。

□**大団円**

〝悲しい結末〟には使えない

芝居などのストーリーが「最後にめでた

く円満におさまる」という意味。悲劇的に終わる場合には使えないので、「悲しい大団円を迎える」などは誤用。「悲しい結末を迎える」というのが正しい。

□100キロ足らず

「足らず」は大きな数字に使えない

「〜足らず」は、「100円足らず」など、小さな数字にも達しないときに使う言葉。「体重が100キロ足らず」など、大きな数字に使うのは不似合い。

□8時35分ちょうど

相当、キリのいい数字にしか使えない

「ちょうど」は、キリのいい数字に使う言葉。時刻であれば、使えるのは「○時ちょうど」と「○時半ちょうど」くらい。

□花野《はなの》

春の花が咲いている形容に使うのは疑問

「花野」は本来、「秋の草花が咲き乱れている野」のことで、俳句では秋の季語になる。そのため、春、菜の花などが咲いていることの形容には似合わない。

□レセプション

歓迎会以外に使うのは誤用

賓客を歓迎するための宴会、つまりは歓迎会のことであり、送別会など、他の種類の会合には使えない。たとえば

「先輩を送るレセプション」は×。また、レセプション自体に歓迎会という意味があるので、「歓迎レセプション」は重複表現になる。

●その意味、言えますか——応用編

□閲覧する

単に読むという意味ではない

何かを調べるために、書物などを読むことであり、単に読むという意味に使うのは似合わない言葉。「閲覧室」や「資料を閲覧する」は○だが、「動画を閲覧する」は動画の内容によっては×の場合もある。

□閑話休題

「話は変わるが」という意味ではない

これで「それはさておき」とも読む。「余談はさておき」という意味で、話を本筋に戻すときに使う言葉。これから「話を変えますが」という意味ではないので注意。

□下世話な話

下品な話という意味ではない

「俗世間の人がよくする話」という意味であり、下品な話や下劣な話という意味ではない。むろん、下ネタという意味でもない。

□**潮時**

物事の終わりや限界という意味で使うのは間違い

もとは、魚がよくとれるようになる時間帯のことであり、ちょうどいい時期のこと。「おれも、そろそろ潮時かなぁ」などと使われるが、それは「身をひくのに〝ちょうどいい時期〟」という意であり、直接的に引退の時期や物事の終わり、限界を意味する言葉ではない。

□**断末魔**

「悲鳴」という意味ではない

死の間際という意味。「断末魔の悲鳴」という形でよく使われるが、最後に「悲鳴」がついてこそ、「死ぬ間際にあげる悲鳴」という意味になる。「断末魔」自体が、悲鳴を意味するわけではない。

□**乱入する**

一人や二人では、乱入とはいえない

大勢の者が一気に押し入るという意味。(一人や二人の者が)乱暴に押し入るという意味ではない。

□**最高学府**

東京大学のことではない

「最高」といっても、東京大学を意味するわけではなく、単に大学のこと。昔は、大学も大学生も少なかったので、大学自体に「最高」という形容が似合った。ところが、今はありふれた存在であるため、「最高」といえば「東大」と思う人が増えたのだろう。

□懐石

本来は、簡素な料理のこと

今、懐石料理といえば、和食のフルコースを思い浮かべる人が多いだろうが、本来は、豪華（高価）な料理のことではなく、寺院で食べていた簡素な料理のこと。

□自意識過剰

「自信過剰」とは、まったく意味が違う言葉

自分をどう思っているか、気にしすぎること。「プライドが高い」や「自信過剰」という意味ではないので注意。

□絵に描いたような

実現性のない計画や理想のことではない

これは「典型的な状態であること」のたとえで、「絵に描いたような失敗」などと使う。実現性がないという意味に誤用されるのは、「絵に描いた餅」と混同されてのことだろう。

□洗礼を受ける

暴力や下品な行為のたとえに使うのはNG

「洗礼」は、キリスト教の重要な行事。比喩的に「初めて経験する」という形

で使われることがあり、かつては「シゴキの洗礼を受ける」などの形で使われていた。しかし、今では、暴力行為や下品な行為の比喩に使うのは、避けられるようになっている。

●その意味、言えますか――ハイレベル編

□まじろぎもせず

「まんじりともせず」とは、意味の違う言葉

「まんじり」は、「うとうとする」という意味で、「まんじりともせず」は「一睡もしない」という意味。一方、「まじろぐ」は「まばたきをする」という意味で、「まじろぎもせず」は、まばたきもしないで見つめるさま。

□下手人

泥棒やスリをこう呼ぶのは間違い

「下手人」は江戸時代、殺人犯や傷害致死犯など、「人殺し」を意味した言葉。こそ泥やスリをこう呼ぶのは間違い。

□しっぱなし

同じ状態が〝継続する〟という意味で使うのは間違い

本来は、「テレビのつけっ放し」のように、そのままの状態を〝放置する〟ときに使う言葉。「風呂に入りっぱなし」など、単に同じ状態が継続するという意味で使うのは、誤用になる。こちらは

「風呂に入ったまま」というのが正しい。

□夕べ

こう書いたときは、「昨日の夜」のことではない

「夕べ」は夕方のことであり、こう書いたとき、「昨日の夜」という意味で使うのは間違い。「昨日の夜」という意味で使う「ゆうべ」は、ひらがなで「ゆうべ」と書くのが普通。漢字では「昨夜」と書いて「ゆうべ」と読むと、広辞苑にもある。

□呉服

もとは、すべての着物を意味するわけではなかった

「呉服」は、今は着物の総称として使われているが、本来は絹織物の総称であって、すべての着物を意味するわけではなかった。厳密にいうと、綿織物と麻織物は「呉服」ではなく、「太物《ふともの》」と呼ばれる。今も、「太物」を専門に扱う店は、呉服店ではなく、太物店《ふとものだな》と呼ばれる。

□莫大

数で表せることにしか使えない

「莫大」は、「莫大な金額」「莫大な利益」など、数で数えられるものに使う言葉。「莫大な支援」「莫大な声援」など、数で表せないものに使うのは間違い。こちらは「絶大なる支援」や「盛大な声援」というのが正しい。

□寸断

一か所だけ断たれたときには使えない

「寸断」は、ずたずたに断たれること。たとえば、「道路が寸断される」は、何か所も通れないところができることであり、一か所だけ土砂崩れが起きて、通行止めになっているような状態は「寸断」ではない。

□紅涙《こうるい》を絞《しぼ》る

男性には使えない

女性が涙を流すこと。男性は「血涙を流す」か、単に「涙を流す」。

□骨肉相食《こつにくあいは》む

血縁関係の争いにしか使えない

夫婦も、血はつながっていないので、その争いもこう表現するのは不適切。

Step5

敬語の使い間違いは、人間関係に影響する

1　こういう敬語の勘違いは恥ずかしい

■あまりにも幼稚な敬語

×おしゃべりになる→○お話になる

「しゃべる」は俗語的な言葉であり、敬語化するには不適切。「おサボりになる」「おしゃぶりになる」なども同様に×。

×用意してございます→○用意しております

「ございます」は、存在を表す「ある」の丁寧語。「用意する」という動詞に続けることはできない。

×私もそう思いますです↓○私もそう存じます

「ます」に「です」を重ねる表現は、いかにも幼稚。「思います」をより丁寧に言いたければ、「存じる」を使って、「私もそう存じます」とするといい。

×思わなかったです↓○思いませんでした

動詞に「です」をつけると、幼稚な日本語になってしまう。「ます」を用いて「思いませんでした」と言うと、大人の日本語になる。

×お伝えしてくださいい↓○伝えていただけませんか

「お伝えする」は謙譲表現であり、相手の行為には使えない。「伝えていただけませんか」が正しい表現。

×お急ぎしてください↓○お急ぎください

「〜ください」に尊敬表現の「お〜する」はつけられない。単に「お急ぎくださ い」でよい。

×こちらになってございます↓○こちらでございます

何かになる（変化する）わけではないので、「こちらになります」「こちらになっております」は誤用。最近は、これでも〝敬度〟が足りないと思うのか、「こちらになってございます」という誤用も現れている。むろん、すべて避けること。

■正しい敬語に変換できますか

△ご参加できる↓○ご参加になれる

もとの形は「ご参加になる」であり、その可能表現なので、「ご参加になれる」が正しい。△は間違いではないが、「参加できる」という言葉に「ご」をつけているだけなので、敬意不足の感は否めない。

×課長が話された↓○課長がおっしゃった

「話す」を敬語化するときは、助動詞の「れる」「られる」を使うよりも、「話す」

「言う」の専用敬語「おっしゃる」を使ったほうが、こなれた日本語になる。また、「お言いになる」も稚拙な表現。やはり専用敬語の「おっしゃる」を使ったほうがいい。

×お歳をとられた↓○お歳を召された

「歳をとる」を敬語化するときは、「召す」を使い、「お歳を召す」とする。「召す」は「和服を召される」「お風邪を召される」など、「着る」や「(風邪を)ひく」の敬語化にも使える動詞。

○遠慮する　○ご遠慮する

「ご遠慮する」は、「自分の行動に『ご』をつけるのはおかしい」として誤用とみる意見もある言葉。ただし、文化庁の『敬語の指針』では、こうした「ご」や「お」の使い方を謙譲表現として認めている。「ご説明する」「お電話する」もOKというわけ。

×わかりました↓○はい、承知しました

いい大人がお客や上司に「わかりました」と答えるのはNG。○のように、敬意を含む言葉で応じたい。

×持ってきました↓○お持ちしました

×はただの丁寧語で、敬語にはなっていない。謙譲語の「お持ちする」を使うと、適切に敬意を表現できる。

×ご確認させていただきます↓○確認させていただきます

「確認させていただく」という謙譲表現に「ご」や「お」をつけるのは変。単に「確認させていただきます」でいい。

×見てください↓○ご覧いただけますか

「見る」の尊敬語「ご覧になる」と、「ください」の謙譲表現の「いただけますか」を組み合わせると、こなれた敬語になる。

×はい、いいですよ↓○はい、承知いたしました

お客や目上に頼まれたとき、「いいですよ」と答えるのはぞんざい。謙譲語の「いたす」を使って、○のように応じるのが、敬語の基本。

×お教えします↓○ご説明します

「教える」という動詞を使うと、上からものを言うというニュアンスが生じてしまう。「ご説明します」や「ご紹介します」とするほうがベター。

×ほめてもらって恐縮です↓○おほめに預かり恐縮です

「ほめてもらう」では、敬意を含んでいない。「ほめる」を「おほめ」、「もらう」を「預かる」に言い換えるとよい。

×○○さんと会いました↓○　○○様にお目にかかりました

「お目にかかる」は「会う」の尊敬語。この言葉を使うと、大人っぽく敬意を表せる。「お会いしたいのですが」も「お目にかかりたいのですが」とすると、こなれた敬語になる。

×お子様に差し上げてください↓○お子様に差し上げます

「差し上げる」は謙譲語なので、相手を経由して渡す場合には使えない。実際には、「お子様にと思い、ご用意いたしました。差し上げます」などというところ。

■かなり失礼な仕事の敬語

×お心当たりの方↓○お心当たりのある方

×は、日本語として成立していない。正しくは「お心当たりのある方」。

×部長のご一存↓○部長のご判断

「一存」は、自分の考えに対して使う言葉。「ご」をつけても、目上の考えに対しては使えない。

×では読まさせてください→○では拝読いたします

「させる」は敬意を伝える場合にも使う助動詞ではあるが、「読まさせる」という表現はない。「読ませてください」か「拝読いたします」が適切。

×部長に直接伺ってください→○部長に直接お聞きください

「伺う」は、「聞く」の謙譲語であり、来客に対して使うと、来客をへりくだらせることになってしまう。

×一緒に行きましょう→○お伴させてください

目上や上司に対しては、後者が定番フレーズ。前者は、同格以下の相手に対して使う言葉。

×お相伴しましょう→○お相伴させていただきます

「相伴」は食事のお供をすること。敬意を含む言葉なので、「させていただきます」

と続けると、バランスがとれる。

×考えておきます↓○検討させていただきます

「考えておく」を取引先相手に使うのは、言葉として失礼。「検討させていただきます」と、へりくだった言い方にしたい。

×そろそろお邪魔しないと↓○そろそろおいとましないと

「お邪魔する」は「訪問する」の言い換え。訪問先から帰るときには「そろそろおいとましないと」。

×ご乗車できます↓○ご乗車になれます

「ご（お）～できる」は謙譲語をつくる形であり、「ご説明できる」「お届けできる」などと使う。尊敬語の可能形は、「ご（お）～なれる」であり、「ご乗車になれます」が○。

×ご在宅する必要はありません↓○ご在宅の必要はありません

×の「ご（お）～する」は謙譲語をつくる形なので、相手が在宅する場合には不適切。尊敬語をつくる「ご～なさる」を使い、「ご在宅なさる必要はありません」も○。

■大人としてキチンと質問できますか

×これでいいですか↓○こちらでよろしいでしょうか

「よろしい」は、「よい」の丁寧語で、改まった言い方。指示代名詞も、「これ」よりは「こちら」のほうが丁寧。「それ」↓「そちら」、「あれ」↓「あちら」、「どれ」↓「どちら」と言い換えるとよい。

×いつ帰られますか↓○いつお帰りになりますか

○は、「お～になる」で敬語化する表現。「帰られますか」は幼稚な表現であり、「お帰りになりますか」が適切。

×知ってますか→○ご存じですか

×は敬意を含んでいない。お客や上司に尋ねるときは、○のように聞くのが正しい。

×何時にしますか→○何時にいたしましょうか

「〜しますか」は、敬意を含んでいない。「する」の謙譲語「いたす」を使うと、敬意を表せる。

×○○様でございますか→○　○○様でいらっしゃいますか

「ございますか」は丁寧表現に過ぎないので、尊敬語の「いらっしゃいますか」を使う。

×お名前を頂戴できますか→○お名前を伺ってもよろしいでしょうか

「頂戴する」は、「もらう」の謙譲語だが、相手の名前をもらうことはできない。

プライバシーの観点から、人に名前すら聞きにくい時代になり、×は婉曲化を図ったあげくにひねり出された奇妙な誤用といえるだろう。

×気に入っていただけましたか↓○お気に召していただけましたか

「気に入る」の専用敬語「お気に召す」を使うと、大人っぽい敬語になる。

×○○さん、おりますか↓○　○○さん、いらっしゃいますか

「おる」は、自分の側に対して使う言葉。相手に対しては「いらっしゃる」を使う。

×先日の件でしたよね↓○先日の件でございますよね

用件を確認するとき、「先日の件でしたよね」は敬意不足。「です」の丁寧語である「ございます」を使う。

×行かれるのですか↓○いらっしゃるのですか

「行かれるのですか」も、間違いではないが、こなれていない敬語。「行く」の尊敬表現「いらっしゃる」を使ったほうが、自然な敬語になる。

■「申す」と「参る」を制する者が敬語を制す

×父が言っていました↓○父が申していました

「言う」の謙譲語は「申す」。自分が相手に言うときのほか、身内の者をへりくだらせるときにも使う。

×よろしく申し上げてください↓○よろしくおっしゃってください

「申し上げる」は謙譲語なので、相手の行為に用いるのは不適切。尊敬語の「おっしゃる」を使う。

×○○に言っておきます↓○　○○に申し伝えます

「申し伝える」は、「伝える」の謙譲語。上司や来客から伝言を頼まれたときには、この言葉で応じたい。

×申し上げさせていただきます↓○申し上げます

「申し上げる」自体が「言う」の謙譲語なので、「させていただきます」を加えると、へりくだりすぎて、くどい言葉になる。

×いま行きます↓○ただいま参ります

「いま」を改まった言い方の「ただいま」、「行きます」を謙譲表現の「参ります」に言い換えると、敬語化できる。

×さっそく取りに参ります↓○さっそくいただきに参ります

「参る」とともに、やはり謙譲語の「いただく」を使うと、相手への敬意をより丁寧に表せる。

×車が参ります↓○車が来ます

「参る」は「来る」の謙譲語だが、この場合、来るのは車なので、それに対してへりくだる必要はない。「車が来ます」でよい。

×ご持参ください→○お持ちください

「持参」は「参」という漢字が使われているため、謙譲的なニュアンスを含み、目下の者の行為に使う言葉と感じる人もいる。

■尊敬語と謙譲語を取り違えた〝敬語〟

×お忘れ物いたしませんよう→○お忘れ物をなさいませんよう

「いたす」は「する」の謙譲語なので、相手のことには使えない。「する」の尊敬語「なさる」を使い、「なさいませんよう」と言うのが正しい敬語。

×隣の窓口で伺ってください→○隣の窓口でお聞きください

「伺う」は謙譲語なので、お客の行為には使えない。「お聞きください」と相手を敬う表現を用いるのが正解。

×本日はご来店いただきまして↓○本日はご来店くださいまして

「いただく」は、自分側に対して使う謙譲語。「本日はご来店くださいまして、ありがとうございます」というのが正しい。

×何にいたしますか↓○何になさいますか

お客から注文を受けるとき、「何にいたしますか」は失礼。「いたす」は謙譲語なので、お客をへりくだらせることになってしまう。

×帰ってまいりますか↓○お帰りになりますか

「まいる」は、自分の行為に用いる謙譲語。「～なりますか」が正しい尊敬表現。

×～で結構ですか↓○～でよろしいですか

「結構」を「承諾する」という意味で使うときは、「それで結構です」など謙譲的に使うもの。相手の承諾を求めるときには使えない。

■取引先に、その言葉遣いはアウトです

×ご利用できます→○ご利用になれます

「~できる」の尊敬語は「ご~になれる」。この場合は、「ご利用になれます」か「ご利用いただけます」が正しい敬語。同様に「ご参加できます」も「ご参加になれます」などに言い換えるとよい。

×社長はお出かけになっています→○社長は外出しております

外部の人と話すときは、自分側の者をへりくだらせるのが常識。社長に敬語を使えるのは、自社の者を相手にしたときだけ。

×私がお聞きします→○私が承ります

「私がお聞きします」は間違いではないが、敬意不足。「聞く」の謙譲語の「承る」を使うと、大人の敬語になる。

×お支払いください↓○お支払い願います

「〜ください」というと、命令のニュアンスが生じてしまう。お願いする形で「お支払い願います」といったほうがいい。

×力を貸してください↓○お力添えいただけませんか

これも、前項と同様に、目上に助けを求めるときに「〜ください」では敬意不足。「お力添えいただけませんか」が適切な表現。

×引き立ててもらって↓○お引き立てにあずかりまして

「〜にあずかる」という古風な謙譲語は、感謝しているという意味を表す。文章では、「格別なお引き立てを賜り」となる。ほかにも、「あずかる」という動詞は、「お〜あずかる」か「ご〜にあずかる」というワンセットで尊敬表現をつくり、「ごひいきにあずかる」「ご指導にあずかる」などと使える。

■来客対応の間違い敬語

×○○様でございますか↓○　○○様でいらっしゃいますか

「ございますか」は単なる丁寧語。「いる」の尊敬表現「いらっしゃる」を使うと、敬意を表せる。

×受付はこちらになります↓○受付はこちらでございます

受付は「なる」ものではなく、「ある」もの。「ある」の丁寧語「ございます」を使い、「こちらでございます」が正しい表現。

×○○という方がお見えです↓○　○○様とおっしゃる方がお見えです

来客が「○○と申します」と名乗ったからといって、こちらが呼び捨てにするのは失礼。

×○○課長が伺います↓○課長の○○が伺います

役職名は敬称でもあるので、他社の人に対しては「課長の○○」とする。

×お客様がお待ちしています↓○お客様がお待ちになっています

×のようにいうと、お客をへりくだらせることになり、失礼。「お待ちになっています」か「お待ちです」が○。

×お金をご用意してお待ちください↓○お金をご用意の上、お待ちください

「ご用意する」のような「ご～する」は、謙譲語をつくる形。「お金をご用意の上」か、「お金をご用意なさって」とするのが正しい。

■意外に知らない自分と他人の呼び方

×○○会社にお勤めしています↓○　○○会社に勤めております

自分の行動に「お」をつけて謙譲表現になる場合もあるのだが、「お勤めする」

は単にヘンな表現。

×私と先輩↓○先輩と私

自分と目上を並べるときは、目上を先にするのが言葉のマナー。「先輩と私」「先生と私」「社長と私」というように。

×先生たち↓○先生方

「たち」という接尾語には敬意が含まれていないので、目上には「方」を使う。「先生方」「奥様方」「お客様方」のように。

×部長様↓○部長

取引先の幹部を「社長様」「部長様」と呼ぶのは過剰敬語。「社長」「部長」という役職自体が敬称なので、「様」を加えると二重敬語になってしまう。

2　やっぱりヘンだよ、敬語の使い間違い

■言葉を〝盛りすぎ〟の敬語

×およろしい↓○よろしい

形容詞の「よろしい」に「お」をつけて「およろしい」とすると、上品ぶった嫌味な言葉になってしまう。単に「よろしい」といったほうがいい。

×相変わりませず↓○相変わらず

これは「相変わらず」が定型の副詞なので、言葉の後半をですます調に変えることはできない。

×させていただいております↓○しております

「させていただく」は、相手の許可が必要なことをするときに使う表現。相手の許可を必要としないときには、「しております」で十分。

×コピーのほうお持ちしました↓○コピーをお持ちしました

不要な「ほう」をつけると、言葉の意味が曖昧になり、頼りなく思われるだけ。

×ご多忙中にもかかわりませず↓○ご多忙中にもかかわらず

「かかわりませず」は、くどい表現。「かかわらず」で十分。

■丁寧すぎて間違えている日本語

×お職業↓○ご職業

おおむね、「お」は和語につき、漢語には「ご」がつく。「お仕事」と「ご職業」、「お住まい」と「ご住所」というように使い分ける。

×お苦しかったでしょう↓○お苦しみになったでしょう

「苦しい」などの形容詞に「お」はつけられない。「苦しい」を名詞化し、「お苦しみになったでしょう」とすることが必要。

×おビールはいかがですか↓○ビールはいかがですか

「お」は外来語にもつけられない。「おビール」「おスプーン」「おドレス」などはNG。

×お尻餅をつかれた↓○尻餅をつかれた

「お」は、ネガティブな意味の言葉につけるのも不似合い。「お尻餅をつかれた」は×だし、「おしくじり」「お犯行」ともいわない。

×私のお気に入りの↓○私の気に入っている

自分のことに対して「お」をつけてはいけない。「私のお気に入り」は、「私が気に入っている」と言い換える。

×警察にご連絡する→○110番する

公的機関に対しては、尊敬語や謙譲語を使わないのが、大人の常識。「市役所に伺う」「電気料金をお支払いする」「消防署からお見えになる」などは、ヘンな日本語。

△これをもちまして→○これをもって

「これをもって」は、これが定型の言葉であり、後半の「もって」だけをですます調に変えなくてもよい。

■文法的に間違っている言い方

×始まりは3時だったですね→○始まりは3時でしたね

「です」を「だった」のような用言の後ろに直接つけることはできない。確認するときは「～でしたね」が自然な言い方。

×もっと積極さがほしい↓○もっと積極的になってほしい

「積極」「消極」という言葉に「さ」をつけることはできない。「大胆さ」や「慎重さ」はOK。

×美しかったです↓○美しいと思いました

形容詞に直接「です」をつけるのは、文法上、間違い。「美しいと思いました」とすればよい。

×危ないです↓○危のうございます

これも、形容詞の「危ない」に「です」を直接つけた形。「危のうございます」が正しい使い方。

×ごゆっくり買い物ください↓○ごゆっくり買い物してください

「お（ご）〜ください」という形がつくれるのは、動詞か動詞的な意味をもつ名詞だけ。たとえば、「お買い上げください」の「買い上げ」は買い上げるという動詞の連体形なので、文法的に成立している。一方、「買い物」という名詞にいきなり「ください」をつけると、違和感が生じる。「買い物する」とサ変動詞化してから、「ください」をつければ、文法的には○。

×おわかりにくい→○おわかりになりにくい

「おわかる」という動詞はないのだから、×のようにいうことはできない。

×何とも申し上げられない→○何とも言えない

「何とも言えない」は、これが定型の言葉。「言う」だけを「申し上げる」に換えることはできない。敬意不足と感じるのであれば、他の言葉を選んだほうがいい。

×ご拝借できますか→○拝借できますか

「拝借する」は「借りる」の謙譲表現なので、「ご」をつけるとくどい二重敬語になってしまう。単に「拝借できますか」でOK。

×お腹にすえかねた↓○腹にすえかねた

慣用句は、一部を勝手に言い換えてはダメ。「腹にすえかねる」の形で慣用句なので、「お」をつけることはできない。

×以上でよろしかったですか↓○以上でよろしいですか

今、注文されたことを「よろしかったですか」と過去形で尋ね返すのは変。現在形の「よろしいですか」を使う。

■度が過ぎてちょっとクドい言い方

×おっしゃられる↓○おっしゃる

「おっしゃられる」は、「おっしゃる」＋「〜られる」の二重敬語。「おっしゃる」か、「お話になる」で十分。

×お見えになられました↓〇お見えになりました

「お見えになる」は「来る」の尊敬語。さらに尊敬の助動詞の「られる」をつけると、くどい表現になってしまう。

×お目にかけしたい品↓〇お目にかけたい品

「お目にかける」は「見せる」の尊敬語。「お目におかけする」はくどい表現。

×お試しになってごらんになりませんか↓〇お試しになってみませんか

「お試しになる」＋「ごらんになる」の二重敬語はくどすぎる。

×社長がおっしゃられたこと↓〇社長がおっしゃったこと

敬意を示すには尊敬語「おっしゃる」だけで十分。「〜られる」は不要。

×拝見させていただきました↓〇拝見しました

「拝見する」は見るの謙譲語であり、それに「いただく」という謙譲語をつけると、過剰敬語になる。

×お目にかからせていただき光栄です↓○お目にかかれて光栄です

「～らせていただき」はくどい表現。「お目にかかれて」で十分。

■謝るためには絶対に外せない日本語

×ごめんなさい↓○失礼いたしました

謝るとき、大人が「ごめんなさい」と口にするのは幼稚すぎる。「すみません」も敬意不足で、「失礼いたしました」が適切。

×謝ります↓○陳謝いたします

「謝ります」を敬語化すると、「陳謝いたします」になる。「陳謝」（事情を陳べて謝ること）に謙譲語の「いたす」をつけた言葉。

△反省しています→○深く反省しております

「反省しています」の「ます」は、単なる丁寧語。謙譲表現の「おります」に換えると、へりくだって謝っている雰囲気を出せる。

△本当にすみません→○謹んでお詫び申し上げます

後者は、文章でよく使われるお詫びの言葉。口語で使うと、最上級の謝罪表現になる。

×どうも申し訳ございません→○まことに申し訳ございません

「どうも」は語感が軽いので、謝罪には不適当。「申し訳ありません」に添えるなら「まことに」。また、「申し訳ございませんです」と言わないように。「ございません」のあとに「です」はつけられない。

×お詫びしたいと思います→○お詫びいたします

近年、「〜したいと思います」という形で、言葉を終える人が増えている。この形にすると、婉曲かつ改まった表現になると感じるのだろう。ただし、謝るときに「～したいと思います」で終わると、「思うだけかよ」という反発を買いかねないので、避けたほうがいい。

×面目ありません↓○面目次第もございません

「ありません」を丁寧な「ございません」に換えることで、謙虚な姿勢を表せる。

■食事のときの日本語を知っていますか

×何にいたしますか↓○何になさいますか

「いたす」は「する」の謙譲語なので、相手には使えない。「する」の尊敬語「なさる」を使って、意向を聞くのが適切。

×ビールでいいですか↓○ビールでよろしいでしょうか

「いいですか」には敬意が含まれていない。「いい」の尊敬語の「よろしい」を使う。

×一杯、どうですか↓○おひとつ、いかがですか

酒を勧めるときは、後者のように「おひとつ」を使う。

△お召し上がりください↓○召し上がりください

「召し上がる」は「食べる」の敬語であり、それに「お」をつけると、本来は過剰敬語になる。ただし、現実には「開封後は、早めにお召し上がりください」など、この過剰敬語が濫用され、違和感を覚える人も少なくなっている模様。今は、△くらいか。

■贈り物をめぐるちょっとした言い方

×どうぞお受け取りください↓○どうぞお納めください

「お受け取りください」は、ややぎごちない日本語。「お納めください」が人に物を贈るときの定番フレーズ。

×ご挨拶代わりに→○ご挨拶のしるしとして

「代わりに」は、やや丁重さに欠ける言葉。「～しるしとして」とすると、より丁重なフレーズになる。

×土産をあげる→○土産を差し上げる

「差し上げる」は「あげる」の尊敬表現。「書類を差し上げにうかがいます」「昼食を差し上げたいのですが」などと使う。

×お土産をもらう→○お土産をいただく

目上からもらったときには、「もらう」「受け取る」の謙譲表現の「いただく」を使いたい。より丁寧にすると「頂戴する」。

×部長、おすそわけです→○部長、よろしかったらどうぞ

「おすそわけ」は本来、余った着物の裾を分け与えるという意味。「めぐむ」というニュアンスを含むので、目上に対しては使えない。

■ビジネスメールで使いこなしたい大人語

×まずは取り急ぎ右御礼まで↓○まずは右御礼まで

「まずは」と「取り急ぎ」は、ほぼ同じ意味なので、重ねて使うのはおかしい。「取り急ぎ御礼まで」や「まずは御礼申し上げます」が過不足のない表現。

×メールをありがとうございます↓○メール、ありがとうございます

「ありがとうございます」は単独で使う言葉で、「〜をありがとう」「〜がありがとう」とはならない。一時、流行った「感動をありがとう」も厳密には誤用。

△ご多忙のところ↓○ご多用のところ

「ご多忙」は話し言葉ならOKだが、ビジネスメールではNG。「忙」はいう漢字が「心を亡くす」と書くため、古来、人に対して使うのは失礼とされてきたため。

今は、そう思う人は少ないかもしれないが、「ご多用」というカンタンに言い換えられる言葉があるのだから、避けておいたほうが無難。

△よろしくお願い致します↓○よろしくお願いいたします

これは、文章で書くときの文字づかいの問題で、「いたす」のような補助動詞は、ひらがなで書いたほうがいい。

×お身体をご自愛ください↓○ご自愛ください

「自愛」は、身体を大切にするという意味。×のように書くと、「身体」という意味が重なった二重表現になってしまう。

×万障お繰り合わせのうえ↓○ご多用中、恐れ入りますが

「万障お繰り合わせのうえ」は、強引すぎて失礼な言葉。○のようにすれば、相手の都合を考慮した参加依頼の言葉になる。

■ちょっと失礼な冠婚葬祭のひと言

×さる9月のはじめ↓〇この9月のはじめ

「さる〜」は、結婚式・披露宴では忌み言葉とされている。「去る」と同音であり、別離を連想させるため。

×お料理が冷めないうちに↓〇料理の温かいうちに

「冷める」は、二人の仲が冷めることを連想させるため、結婚披露宴では、忌み言葉とされている。

×重ねておめでとうございます↓〇二つのお喜び、おめでとうございます

「再婚」をイメージさせる「重ねて」は、披露宴では禁句。「再び」「戻る」「帰る」「終わる」「切れる」も禁句。

×ご参列→○ご列席　○ご出席

「参列」の「参」は「参る」と訓読みするように、へりくだるニュアンスを含んでいる。招待客に対して使うのは失礼。

×今日はおめでとうございます→○本日はおめでとうございます

結婚式でスピーチするときは、「本日は」と改まった言葉を使いたい。「今日は」は日常語。

×新郎新婦のケーキカットです→○新郎新婦がケーキにナイフを入れます

披露宴では、縁が切れることを連想させる「カット」「切る」は忌み言葉。

×祝電がまいっております→○祝電をいただいております

これは、敬語の誤用。「まいる」は謙譲語なので、受け取った祝電には尊敬語の「いただく」を使う。

×そろそろ終わりの時間となりました↓○そろそろお開きの時間となりました
披露宴で「終わる」という言葉は使えない。「お開き」と言い換える。

×高い席から失礼します↓○この場をお借りして
自分のいる場所を「高い席」と表現すると、他の人の席が「低い席」になってしまう。「この場をお借りして」で十分。

×お香典を頂戴いたします↓○お香典をお預かりいたします
葬儀の受付係は、遺族の代わりに香典を預かる役割。「お預かりいたします」が正しい受けこたえ。

×突然のことで言葉も浮かびません↓○突然のことで言葉も見当たりません
葬儀では「浮かばれない」は禁句。「死者の魂が成仏できない」ことを連想させるため。

×母が亡くなりました↓○母を亡くしました

「亡くなる」は、身内以外に使う言葉。身内に対しては「亡くす」を使う。「母が他界しました」でもいい。

×返す返すも残念です↓○非常に残念です

通夜・葬儀でも、重ね言葉は不幸が重なることを連想させるので、忌み言葉になる。「重ね重ね」も禁句。

×このたびはご出席ありがとうございます

↓○このたびはご会葬ありがとうございます

通夜や葬儀に「出席」という言葉は不似合い。「ご会葬」がふさわしい。